De Jean-Sébastien Bach à Glenn Gould
Magie des sons et spectacle de la passion

© L'Harmattan, 1997
ISBN : 2-7384-5075-X

Denis LABORDE

De Jean-Sébastien Bach à Glenn Gould
Magie des sons et spectacle de la passion

L'Harmattan
5-7, rue de l'École-Polytechnique
75005 Paris - FRANCE

L'Harmattan Inc
55, rue Saint-Jacques
Montréal (Qc) - CANADA H2Y 1K9

Collection *Anthropologie du monde occidental*
dirigée par Denis Laborde

Denis Laborde éd., *Tout un monde de musiques. Repérer, enquêter, analyser, conserver...*, 1996.

Annie Goffre éd., *Polyphonies corses. L'orgue et la voix*, 1996.

SOMMAIRE

Présentation

*Pour une anthropologie de la musique
dans nos propres sociétés* 9

CHAPITRE 1
*Vous avez tous entendu son blasphème qu'en pensez-vous ?
Dire la Passion selon saint Matthieu, selon Bach* 29

CHAPITRE 2
Gould dans Bach, un service public de l'émotion musicale 63

CHAPITRE 3
La dernière fugue de Bach 103

à Iannis XENAKIS,
pour une certaine idée de la liberté

Présentation

Pour une anthropologie de la musique dans nos propres sociétés

Bach objet d'investigations anthropologiques ? Mais vous n'y songez pas ! Autant imaginer une linguistique générale qui prendrait la langue française pour objet d'étude ! Une sociologie de la connaissance qui se mêlerait de la façon dont sont produits les faits scientifiques ! Une science du politique qui scruterait nos régimes à l'occidentale ! Soyons sérieux : Bach a sa place dans la musicologie. C'est là que sont les spécialistes, pas dans l'anthropologie.

Cette déclaration indignée (imaginaire dans sa formulation, moins dans son propos) en dit plus qu'un long discours sur la difficulté qu'il y a à désenclaver une étude de la musique des partages disciplinaires qui font notre taxinomie institutionnelle. Les études musicales entretiennent certes un versant anthropologique, mais dès sa formation comme discipline au cœur des années cinquante, l'ethno-musicologie (comme l'écrivait alors Jaap Kunst) s'est spécialisée dans l'étude des musiques d'ailleurs. Aujourd'hui encore, les dictionnaires encyclopédiques considèrent que l'ethnomusicologie se définit par son objet : elle "analyse le phénomène musical dans toutes les cultures, à l'exception de la musique savante occidentale" (Arom, S., Alvarez-Péreyre, F., 1991 : 248). Ainsi, Bach et ses amis jamais ne furent invités sur la scène de l'ethnomusicologie. La "musique savante occidentale" était imperméable au préfixe "ethno", elle l'est encore.

L'ethno était l'ailleurs, il l'est toujours. Appartenant à la musique savante occidentale, Bach est dans l'exception, pas dans l'ethnomusicologie. Historiquement incontournable, l'argument vaut autorité. Etudier Bach relève de la musicologie, de l'esthétique musicale ou de la sociologie de l'art, pas de l'ethnologie, ni de l'anthropologie. Soit.

Il suffit cependant de parcourir les sentiers sinueux de la production ethnomusicologique pour apercevoir que si elle se conjugue au singulier, l'ethnomusicologie doit moins ce singulier aux objets qu'elle étudie qu'aux discours qu'elle produit sur eux. Si chacun admet volontiers que la musique est la chose au monde la mieux partagée, cette "chose" à l'universalité postulée est avant tout un invariant culturellement constitué : notre propre idée de ce qu'est (de ce que doit être) "la musique". C'est en promenant cet invariant de par le monde que nous repérons, où que nous allions, "de la musique", y compris dans les sociétés qui ne connaissent pas le mot musique[1].

Faut-il s'étonner alors de ce que les caractéristiques de cet invariant s'insinuent dans les descriptions auxquelles nous procédons par la suite ? Bien sûr que non. Les paradigmes que nous fournit notre propre environnement culturel contribuent à la fixation des références mobilisées dans l'analyse. Mais alors, ne risque-t-on pas, au terme de nos recherches, de prendre pour des caractéristiques de l'objet décrit des propriétés qui appartiennent en réalité au système de description mis en œuvre ? Sans aucun doute, mais peut-on faire autrement ? Pour parler à la manière de Nelson Goodman, tout travail de description s'apparente à un travail de dépiction[2] : toute analyse revient à découdre ce que nous avons cousu au préalable, au moment même où nous avons repéré l'objet à décrire. Nous sommes à tout moment guidés par l'idée que nous nous faisons de la musique et de ses paramètres analysables, et cette idée est une idée culturellement constituée.

Tout ethnomusicologue demeure alors inéluctablement prisonnier d'une posture ambivalente. D'une part, s'il veut analyser un fait

---

[1] Nous avons longuement insisté, ailleurs, sur les différentes étapes du raisonnement où cette *translatio studii* qui fait l'ambition de l'ethnomusicologie prend sa source. Nous nous permettons de renvoyer à la présentation rédigée pour l'ouvrage collectif consacré aux musiques du monde (infra Références bibliographiques Laborde, 1996). Chacun pourra y lire également cette étonnante rencontre de Jaume Ayats avec les indiens Pumés de la savane vénézuélienne, pour qui le mot musique n'existe pas, alors qu'ils font bien pourtant, aux yeux de l'ethnomusicologue, "de la musique".
[2] Cf. infra Références bibliographiques Goodman, 1992 : 11 et sq.

musical, il lui faut bien se positionner face à l'objet qu'il entend décrire. Mais en même temps, une prise de distance par rapport à cet objet demeure parfaitement impraticable, car il n'a d'autre recours que d'user de ses propres mots et de ses propres ruses pour faire, par ses discours, exister cet objet. Sa propre croyance en la musique demeure immanquablement un outil familier d'explication car - on pourrait l'oublier tant les procédures de l'inventaire ethnomusicologique se crispent parfois sur les "morceaux de musique" à transcrire et à décrire - "les choses, les objets ne sont que les corrélats des pratiques" (Veyne, 1978 : 218).

L'ethnomusicologie est d'abord un récit. Les descriptions de l'ethnomusicologue ne sont accessibles que par la relation qu'il fait de son expérience. Cette relation passe par des mots. Elle est cette instance médiatrice qui permet la communication. Là se forge l'unité de l'ethnomusicologie. Car si l'ensemble des relations d'expérience n'est pas suffisamment homogène pour former système, il ne constitue pas moins une sphère de production de discours qui autorise l'échange de points de vue, le colloque et l'enseignement : tout un monde de l'ethnomusicologie.

Le recours unanime à la transcription solfégique suffirait d'ailleurs à le montrer : l'unité de l'ethnomusicologie dépend davantage de la possibilité d'instaurer un dialogue entre les systèmes de description mis en œuvre pour "raconter" les musiques du monde que de ce que ces systèmes visent à décrire. La relation prime sur les termes de la relation[3]. Au point que l'on pourrait se demander, en élargissant à l'ethnomusicologie la question naguère formulée par Gérard Lenclud à propos de l'anthropologie, si la seule propriété commune à tous les "objets" des ethnomusicologues ne serait pas... d'être étudiés par des ethnomusicologues[4].

---

[3] Cette perspective a orienté la thématique des conférences dont nous avons eu la charge pendant deux années à l'Ecole des Hautes Etudes en Sciences Sociales et continue de stimuler nos programmes d'enseignement à La Sorbonne. Dès lors que nous proposons d'enseigner une *Ethnologie musicale de l'Europe*, deux possibilités s'offrent à nous. Une première consisterait à présenter un inventaire des pratiques musicales étiquetées comme traditionnelles de l'Atlantique à l'Oural. Nous lui préférons la seconde, qui vise à examiner les méthodologies et les exégèses qui ont permis de créer, puis d'administrer ce secteur.

[4] "Si l'objet de l'anthropologie se confondait avec les objets classiques de l'ethnologue, sa délimitation serait d'usage strictement interne - une affaire de famille, en somme - puisque force est de constater, à la suite des inventaires courageusement réalisés du terme "primitif", que la seule propriété commune à toutes les sociétés "primitives" est d'avoir été étudiées par des ethnologues" (Lenclud, 1986 : 154).

Dans son épilogue aux actes du colloque *Ideas, Concepts, and Personalities in the History of Ethnomusicology* (Urbana, 1988), Philip V. Bohlman a largement insisté sur ce fait : le mot ethnomusicologie recouvre de par le monde une multitude d'acceptions différenciées, qui sont autant de cadres de référence distincts. Ces cadres de référence stimulent une multiplicité de pratiques de terrain dont chacune tire sa spécificité du type d'objet qu'elle étudie. Comment dans un tel fourmillement d'idées, d'enquêtes et de procédures préserver l'ethnomusicologie d'un éparpillement en singularités ? En traçant cette histoire intellectuelle qui fait d'elle une discipline, répond Bohlman[5]. Mais alors, ne pourrait-on pas prendre ici le risque d'élargir cette posture irénique en formulant l'insidieuse question suivante : bien qu'elle ne relève pas de l'ethnomusicologie, notre "musique savante occidentale" ne pourrait-elle pas moins être appréhendée à partir des outils hérités d'une histoire de la pensée de l'ethnomusicologie ?

Une telle posture pourra paraître licencieuse au regard des appareils de discernement d'une communauté ethnomusicologique. Elle rencontre toutefois un appui providentiel dans les efforts engagés par Bruno Nettl, par exemple, pour dégager l'ethnomusicologie des stratifications dont elle demeure prisonnière et revenir à ce qui fait selon lui son ambition première : "It is a part of the ethnomusicologist's credo that all musics, and all of the music in each society, must be investigated, are worthy of study" (Nettl, 1983 : 303). Pourquoi alors ne pas aller voir du côté de chez Jean-Sébastien Bach ou de chez Glenn Gould ?

De la familiarité que nous avons acquise avec une pratique de l'ethnomusicologie, de l'expérience que nous faisons de son enseignement et de la lecture d'une multiplicité de textes qui sont autant de façons de mettre en scène des conduites sociales où "de la musique" est donnée à entendre est né en effet notre désir de voir un peu plus loin, le désir de mieux comprendre en élargissant le champ de vision. Aussi notre unique justification pour cet exercice quasi illégal consistant à appréhender Bach avec les outils de l'anthropologie est la conviction que l'ethnomusicologie est une région de l'anthropologie de la musique.

Cette manière d'apercevoir un monde de musique n'est pas inédite. Le syntagme lui-même, anthropologie de la musique, avait été brandi dès 1964 par Alan P. Merriam contre l'ethnomusicologie que

---

[5] Cf. infra Références bibliographiques, Bohlman, 1991.

pratiquaient Jaap Kunst ou Mantle Hood[6]. Le changement de perspective visait alors à concevoir la musique non pas comme un langage universel, mais bien comme un lien, une manière de relier les hommes entre eux. L'étude de l'énoncé ne serait plus qu'un moment de l'analyse dans un projet anthropologique visant à une ethnographie de la communication :

> "The major problem is that while we know music communicates something, we are not clear as to what, how, or to whom. Music is not a universal language, but rather is shaped in terms of the culture of which it is a part. In song texts it employs, it communicates direct information to whose who understand the language in which it is couched. It conveys emotion, or something similar to emotion, to those who understand its idiom. The fact that music is shared as a human activity by all peoples may mean that it communicates a certain limited understanding simply by its existence" (Merriam, 1964: 11).

Chacun concédera cependant que faire de l'étude des faits musicaux une ethnographie de la communication ne forme pas à soi seul un programme de recherche. "Le piment d'une fine ethnographie ne justifie pas à lui seul de recourir au corpus anthropologique" (Abélès, 1986 : 209). Pour Merriam, sa fonction est instrumentale avant tout : elle permet la recherche de propositions hypothétiques. Cette posture se rapproche de celle d'André Schaeffner qui, en 1951 à Wégimont, proposait de travailler à une ethnologie musicale après avoir dès 1942 mis en cause les clivages entre musique savante et musique populaire qui font les repères familiers de notre paysage institutionnel[7].

---

[6] L'opposition se perpétue d'ailleurs ensuite. On la repère en examinant, par exemple, les travaux respectifs de Charles Seeger et de George Herzog. Bruno Nettl a consacré un remarquable article à cette double orientation des études ethnomusicologiques qui a caractérisé les travaux sur la musique conduits en Amérique du nord au long des trente dernières années (infra bibliographie Nettl, 1991).

[7] On lira avec le plus grand intérêt ces deux article d'André Schaeffner : d'une part, la conférence qu'il prononça lors de ce premier colloque de Wégimont, en Belgique (infra bibliographie Schaeffner, 1956); d'autre part, l'article publié dans le numéro 6 de la revue *Gradhiva* d'après un manuscrit dont le texte est établi par Denise Paulme et présenté par Jean Jamin (infra bibliographie Schaeffner, 1989).

Sans doute le moment est-il venu de réactiver aujourd'hui ce questionnement construit par André Schaeffner en posant, d'une manière prosaïque, qu'il est des situations sociales où "de la musique" est donnée à entendre. Une anthropologie de la musique appréhenderait chacune de ces situations sans préjuger du rattachement disciplinaire auquel le langage mis en jeu devrait comme "naturellement" la renvoyer au regard de la grille des labels académiques par laquelle nous lisons le monde. Si nous ne nions pas le fait qu'une chanson traditionnelle n'est pas une symphonie, ni le gamelan balinais Pélléas et Mélisande, nous n'en appréhendons pas moins le mot "musique" comme un terme générique permettant de fédérer des recherches transversales conduites avec les outils de l'anthropologie. Mais une telle posture exige un déplacement du type d'attention que nous portons au fait musical : elle nous invite à privilégier la procédure sur le résultat, la pratique sur le message.

Prendre Bach pour projet, objet et cible d'une série d'articles au label anthropologique espéré était pour nous une manière de réexaminer la prédiction de Theodor W. Adorno, pour qui une sociologie de la musique "devrait s'orienter d'après les structures de la société dont on retrouve l'empreinte dans la musique et dans tout ce qui, au sens le plus général, s'appelle vie musicale" (Adorno, 1994 : 223). Telle serait en somme, selon Adorno ,la question à laquelle tout sociologue se devrait de répondre : comment nos sociétés font-elles de la musique ? La vie musicale étant ici perçue comme un reflet du social, répondre à cette question reviendrait à éclairer l'ensemble des déterminations sociales observables dans toute société dont on étudie la musique.

A cette question, une anthropologie de la musique propose cependant de substituer la suivante : comment nos sociétés font-elles la musique ? La suppression du partitif "de" tend à révoquer en doute cette idée qu'il existerait une musique à l'état d'immanence dont on découperait des "morceaux" que l'on pourrait livrer à l'analyse. Il n'existe de musique en dehors des pratiques sociales qui l'exercent, des discours qui la commentent, de tout ce qui la réalise. Tel avait été notre parti pris dans notre thèse sur l'improvisation chantée du *bertsulari* basque[8] (où il était question de tradition orale), telle demeure notre posture dans cette série d'articles sur Bach (où il est

---

[8] Improvisation chantée et rhétorique identitaire en Pays Basque. Le *bertsulari*. Thèse de doctorat de l'Ecole des Hautes Etudes en Sciences Sociales, Paris, 1993, sous la direction de Nicole Belmont. Sous presse aux éditions L'Harmattan.

cette fois question non plus d'improvisation, mais de composition, écrite).

Nous avons choisi de les présenter ici en suivant l'ordre chronologique de leur publication, qui est aussi l'ordre chronologique de la composition des œuvres : la Passion selon saint Matthieu (1727), les Variations Goldberg (1741), L'Art de la Fugue (1740-1748).

Le texte qui inaugure ce triptyque porte donc sur la Passion selon saint Matthieu. Il fut publié en 1992 dans la revue *Ethnologie française* où il prenait place dans un vaste ensemble de contributions touchant à des thèmes variés qui avaient en commun de concerner des "affaires" liées à des Paroles d'outrage[9]. Bach et la Passion selon saint Matthieu devaient permettre de travailler à la question du blasphème. Le point de départ de cette étude était le texte évangélique. Jésus se disait Christ, Fils de Dieu. Jugés blasphématoires, ses propos lui valurent sa condamnation et sa crucifixion. L'événement est rapporté dans les quatre Evangiles. A l'aube du XVIIIe siècle à Leipzig, Jean-Sébastien Bach donne à entendre une nouvelle mise en voix de ce récit évangélique de la Passion. Ecrit en grec d'après les dires de saint Matthieu, traduit en allemand par Luther en 1534, travaillé par Bach une première fois en 1727 puis une nouvelle fois en 1729, transcrit au moyen d'un code graphique qui programme sa réalisation musicale, imprimé et édité, ce texte qui rapporte la scène par laquelle Jésus devient blasphémateur fait-il courir à son tour au musicien qui aujourd'hui le joue, au chanteur qui aujourd'hui le chante, le risque d'une condamnation pour blasphème ?

Une analyse de la partition de Bach montre qu'un dispositif de représentation est à l'œuvre qui signale une "grammaire musicale" du blasphème. Comment les spéculations musicales d'un compositeur se heurtent-elles à une problématique des légalités lorsqu'une instance religieuse (ici le Consistoire de Leipzig à l'aube du XVIIIe siècle) s'éprouve maître de la musique du culte, c'est-à-dire responsable de la gestion jurisprudentielle d'un cadre énonciatif ? Lorsqu'il met en musique ce passage de la Passion selon saint Matthieu qui fait de Jésus un blasphémateur, Bach utilise à peu près tout ce que les traités de musique d'église interdisent. Au point qu'en entendant cette passion

---

[9] Ce travail a connu de nombreux développements depuis la parution de ce numéro spécial. Une publication est actuellement en cours sous la forme d'un volume collectif rédigé en compagnie de Jacques Cheyronnaud, Elisabeth Claverie, Jeanne Favret-Saada, Philippe Roussin, Helen Solterer (àparaître aux éditions du Seuil).

le vendredi saint de 1729, l'une des fidèles quitte brusquement l'église saint Thomas et s'écrie : "Dieu nous préserve, c'est un opéra!"

C'est que, par le biais d'occurrences réitérées, un regard rétrospectif avait érigé une mémoire de la profération rituelle en tradition. Des effets créateurs de normes avaient oeuvré à l'émancipation d'un jugement consensuel. Or, alors que les fidèles de Saint-Thomas attendaient de Bach qu'il instruise un rapport de dérivation entre sa passion et cette tradition, le voici qui opère une rupture par déviation. Ce qui devait être un instrument du culte du vendredi saint devient alors une parodie ludique outrageante, un opéra, et l'on crie au sacrilège.

Comment un ethnologue pourrait-il ne pas être alors tenté par une analyse comparative ? Le 17 septembre 1985 à Paris, Philippe Herreweghe et La Chapelle Royale interprètent salle Pleyel la Passion selon saint Matthieu de Bach. Après un aria chanté par le haute contre René Jacobs, un spectateur se lève brusquement et quitte la salle de concert en s'écriant : "C'est un massacre!" C'est que, là encore, une mémoire des interprétations d'un Bruno Walter ou d'un Herbert von Karajan avaient érigé ces versions en tradition. L'option baroquisante de Philippe Herreweghe (avec son haute-contre et ses instruments) heurta de plein fouet cette mémoire de l'interprétation musicale. Son exécution est devenue un massacre. C'est que, dans le domaine d'une expérience esthétique, chacun sait se forger un dispositif d'évaluation dont il est prêt à user pour disqualifier la parole de l'autre. La fixation d'un régime d'énonciation ne peut donc dépendre en totalité d'un droit prospectif, elle demeure, foncièrement, un exercice jurisprudentiel.

"Gould dans Bach", le deuxième article convoqué ici, a été publié dans le numéro 17 de la revue *Gradhiva*. Il fait partie d'un ensemble plus vaste de travaux que nous avons consacrés à l'émotion musicale[10]. Il s'agissait cette fois d'ouvrir un dossier sur le pianiste canadien Glenn Gould, sur les Variations Goldberg de Bach et sur la belle série d'émissions produite par Bruno Monsaingeon sur Gould.

L'incroyable succès rencontré par ces émissions et, aussi, notre propre fascination nous incitèrent à tenter de comprendre les mécanismes d'une mise en spectacle télévisuel de l'émotion musicale et la façon dont le succès de ces émissions s'est accompagné d'un succès commercial sans précédent. Alors que les ventes des

---

[10] Dont un autre article fut publié dans la revue *Terrain* sous le titre "Des Passions de l'âme au discours de la musique", n° 22 : 79-92.

enregistrements d'un Vladimir Horowitz, par exemple, stagnent autour de 10 000 exemplaires, sur l'ensemble des enregistrements réalisés par Glenn Gould, Sony a écoulé à ce jour en France plus de 400 000 disques compacts et près de 100 000 cassettes. Ce succès ne faiblit d'ailleurs pas depuis la disparition du pianiste canadien. Son dossier nous fait rencontrer une inflation de "discours sur", une pléthore de documents (biographies, romans, entretiens, émissions télévisées, articles de presse), un grand nombre d'exégètes, chacun se sachant sûr de son Gould et s'estimant dès lors chargé d'un devoir de parole en fustigeant ces trop nombreux discours, ceux des autres, qui masquent le "véritable Gould".

C'est l'un des aspects récurrents de ce dossier : un culte de l'immanence invariablement s'accompagne d'une occultation des mécanismes de gestion de cette croyance. Les émissions de télévision montrent Gould sur un plateau jouant du piano avec des mitaines, assis sur une chaise, percée, trop basse, position intenable pour la plupart des pianistes, le visage au ras du clavier, inspectant l'articulation digitale, dessinant des courbes mélodiques dans l'air de la main gauche quand la droite joue seule, geignant dans ses enregistrements, et multipliant les prises : Glenn Gould "dans un autre monde, d'extase véritablement éprouvée" (B. Monsaingeon). Les Variations Goldberg de Bach qu'il enregistre en 1955 défraient la chronique et dès lors qu'il décide, en 1964, de ne plus jouer en concert, sa gloire fait de lui "Glenn Gould". Que l'on en juge : au moment de sa disparition en 1982, les hommages se multiplient. À Paris, la salle Pleyel diffuse l'ensemble des films de Bruno Monsaingeon. À Ottawa, la Bibliothèque nationale du Canada ouvre un Fonds Glenn Gould désormais accessible au chercheur. Sa notoriété stimule la création d'une Fondation à sa mémoire. En 1987, les départements de philosophie de l'Université de Montréal et de l'Université du Québec organisent un Colloque Gould.

Ce sont les dispositifs d'adresse mis en oeuvre pour susciter une implication émotionnelle du téléspectateur qui ont retenu notre attention. Comment une interprétation des compositions de Bach (que notre culture nous enseigne à considérer comme une "musique pure", c'est-à-dire éloignée de toute emprise émotionnelle) par Glenn Gould, avec ce mélange d'ingénuité et de maîtrise technique, de souffrance et de facilité, produit-elle chez l'auditeur de l'émotion ? Et comment cette idée qui le fait aujourd'hui considérer comme le représentant de Bach parmi nous s'est-elle forgée ? Cette double question nous a amené à procéder à une ethnographie de cette vaste entreprise de communication : l'émergence d'un service public de l'émotion musicale.

Le dernier article de cette série porte sur la dernière fugue de Bach. Il a été publié en 1995 dans la revue *Ethnologie française*, dans un numéro consacré au motif en sciences humaines. Dans un ensemble de contributions rassemblées par Thierry Charnay tirées pour la plupart d'exemples empruntés à la sémiotique ou à la linguistique, cette contribution visait à examiner l'usage que la musicologie et l'ethnomusicologie font du motif comme instrument d'analyse. Cette recherche fut engagée à partir d'un soupçon qui nous a incité à examiner de plus près cette "illusion d'objet naturel (qui) dissimule le caractère hétérogène des pratiques" (Veyne, 1978 : 218).

La question revient à étudier la façon dont nous forgeons nos propres outils analyses, en posant (nous l'avons suggéré plus haut) que les analyses musicales auxquelles nous procédons d'ordinaire mettent en exergue des caractéristiques qui appartiennent moins à l'objet décrit qu'au système mis en œuvre pour le décrire. Cette perspective nous fait rencontrer d'emblée une difficulté liée au fait que le mot motif n'est pas de ceux qui jouissent d'un grand prestige dans les glossaires musicologiques ou ethnomusicologiques. C'est un mot discret, un personnage conceptuel peu encombrant. Mais il demeure un outil de discernement remarquablement opérationnel, dont l'on se sert sans qu'il paraisse nécessaire d'affiner sa spécification sémantique.

Insaisissable en soi, le motif s'appréhende en situation. Là, il a fonction de référence identifiante. Il nous a donc fallu choisir un compositeur, nous avons opté pour Jean-Sébastien Bach. Il nous a fallu choisir une forme musicale, nous avons opté pour la fugue. Il nous a fallu choisir une fugue, nous avons opté pour celle, inachevée, de l'Art de la Fugue, la dernière. Car là se trouve le motif si*b*-la-do-si qui, en notation allemande, se lit B-A-C-H.

Dans l'hypothèse où toute prise de distance à l'égard des sectorisations disciplinaires paraîtrait impossible, nous laissons à chacun le soin de décider si ce parcours cimenté par le nom Bach est, ou n'est pas, un parcours d'ethnomusicologie. Pour notre part, nous revendiquons volontiers l'intitulé anthropologie de la musique. Un tel intitulé nous semble permettre de ne pas tenir plus longtemps la musique à l'écart d'un débat qui a agité l'anthropologie sociale et l'ethnologie dans les années quatre-vingts, et auquel elle est restée curieusement étrangère. Dans leur Rapport de conjoncture du CNRS, Carmen Bernand et Jean-Pierre Digard constataient dès 1985 une tendance à la multiplication des problématiques et des méthodes. Dans la revue *L'Homme*, ils présentaient l'année suivante une synthèse de ce rapport, analysant cette tendance comme le produit "d'un double processus : d'extension du champ thématique de l'ethnologie, du fait de l'exploration toujours plus poussée des interfaces (avec les sciences de la nature, la psychiatrie, l'histoire, la littérature, etc.), et d'extension de son champ géographique" (Bernand, C., Digard, J.-P., 1986 : 54).

Une anthropologie de la musique dans nos propres sociétés trouverait assurément à prendre place dans ce débat. On y verrait le produit d'une double extension : extension du champ thématique (favorisant une interface avec la musicologie, par exemple, mais aussi bien avec l'esthétique musicale et la philosophie de l'art), extension d'un champ géographique (touchant cette fois non pas la Chine ou l'océan Indien, mais bien nos propres sociétés). La musique ne serait alors, comme Marc Augé l'a montré de la maladie, que l'un des éléments d'une série d'objets empiriques dont l'anthropologie se préoccupe sans pour autant se constituer en sous-disciplines, un objet parmi tant d'autres possibles.

Une musique savante occidentale devrait-elle échapper plus longtemps au projet anthropologique quand la musique spirituelle des vedas (*márga sangít*), considérée comme musique savante de l'Inde par opposition aux musiques séculaires régionales (*desi sangít*), n'y échappe pas[11] ? En recentrant le débat sur nos propres sociétés, on pourrait encore fort bien se demander pourquoi l'étude de l'improvisation chantée du *bertsulari* basque pourrait, par le biais du folklore musical, intéresser l'anthropologie quand le chant d'un aria de Bach ne mériterait de ce point de vue aucun attention. Le partage tiendrait-il à une propriété de l'objet étudié ? aux méthodologies mises en œuvre ? à un présupposé, implicite, un choix qui s'exerce en amont et que l'on masque au moment où l'on décide de conduire l'analyse ? C'est cette dernière explication que l'on voudrait retenir ici. Les travaux de Jean-Claude Chamboredon sur ce thème et ceux qu'ont conduits Claude Grignon et Jean-Claude Passeron sur une littérature, et une sociologie séparant le savant du populaire l'ont montré d'une manière définitive : un tel partage a pour unique vertu de désigner la place, sociale, du chercheur qui le trace.

---

[11] Nous renvoyons sur ce thème passionnant aux travaux de Sudhibhushan Bhattacharya (notamment à son exégèse du Traité *Brhad-desi* écrit par Matanya au IXe siècle) discutés par Carol M. Babiracki (infra bibliographie Babiracki, 1991).

La pensée classificatrice fait son œuvre. Elle procède à son incessant travail de rangement. Mais de l'absence d'équivoque ne naît pas nécessairement un sens univoque. Au nom de quel principe devrait-on isoler de l'entreprise anthropologique l'étude des musiques auxquelles nous avons été formés dans nos conservatoires, et qui nous ont procuré quelques-uns des principaux outils d'investigation qui nous permettent de nous intéresser au fait musical dans les autres cultures ?

Proposer d'engager aujourd'hui un tel débat ne vise pas à nier le projet ethnomusicologique dans sa forme actuelle, bien au contraire. Mieux les faits musicaux des sociétés lointaines sont connus, mieux nous pouvons mesurer la singularité des faits musicaux observables dans nos propres sociétés. Les travaux d'un Pascal Boyer sur les épopées Fang du Cameroun éclairent selon nous ceux de Giorgina Born sur l'IRCAM. Les perspectives originales d'un Timothy Rice travaillant à une herméneutique des pratiques musicales en Bulgarie se comprendront d'autant mieux que l'on connaîtra celles d'un Jacques Cheyronnaud sur les formes d'idéalisation du chant populaire en France, par exemple, ou sur les premiers programmes français d'ethnographie musicale. L'analyse formelle des systèmes musicaux d'Afrique centrale telle qu'elle est engagée par Simha Arom se trouve singulièrement mise en valeur par les travaux d'un tout autre ordre produits par Antoine Hennion par exemple qui, en voisin, travaille à une sociologie de la médiation. Ces recherches ne constituent pas des isolats. Leur lecture croisée permet en retour de mieux comprendre l'œil perspicace que Pierre-Michel Menger porte par exemple sur nos laboratoires de la création musicale.

John Blacking avait eu l'intuition de cet élargissement nécessaire de l'expérience ethnomusicologique conçue comme une expérience culturelle avant tout, une rencontre. Et il n'avait pas hésité à activer à dessein ses références à une musique savante occidentale qu'il connaissait d'expérience pour éclairer, d'une façon toujours lumineuse, les comportements musicaux qu'en spécialiste il étudiait en Afrique du Sud.

Nous convions donc ici à un élargissement du regard porté sur la musique dans nos propres sociétés. Cet élargissement voudrait n'être en somme qu'une extension du domaine de la pensée ethnomusicologique, sans préjudice des appropriations et des statuts fluctuants qui entraînent nos objets, c'est-à-dire nos pensées, dans des régimes d'existence jamais figés une fois pour toutes. Cela implique que l'on accepte de mettre entre parenthèses ce présupposé d'inclusion entre l'esthétique et l'artistique, et de ne pas prendre l'aboutissement pour le but. Cela implique enfin que l'on accepte, au moins pour le temps d'un examen attentif des procédures d'investigation et des conditions effectives de leur réalisation, de réduire les stratifications taxinomiques, les types et les classes à ce qu'ils sont : des instruments heuristiques et non des buts de la recherche.

Références bibliographiques

ABELES, M.
1986 "L'Anthropologie et le politique", in *L'Homme. Anthropologie, état des lieux.* Paris : Ecole des Hautes Etudes en Sciences Sociales et Libraire Générale Française : 207-233.

ADAM, J.-M., BOREL, M.-J., CALAME, C., KILANI, M.
1990 *Le Discours anthropologique.* Paris : Méridiens Klincksieck.

AUGE, M.
1994 *Le Sens des autres. Actualité de l'anthropologie.* Paris : Librairie Artème Fayard.

AROM, S.
1985 *Polyphonies et polyrythmies instrumentales d'Afrique centrale: structure et méthodologie.* Paris : Selaf.

AROM, S., ALVAREZ-PERYRE, F.
1991 "Ethnomusicologie", in Pierre Bonte et Micel Izard, *Dictionnaire de l'ethnologie et de l'anthropologie.* Paris : Presses Universitaires de France : 248-251.

BABIRACKI, C. M.
1991 "Tribal Music in the Study of Great and Little Traditions of Indian Music", in Bruno Nettl and Philip V. Bohlman (ed.) *Comparative Musicology and Anthropology of music. Essays on the History of Ethnomusicology.* Chicago and London : The University of Chicago Press : 69-90.

BERNAND, C., DIGARD, J.-P.
1986 "De Téhéran à Tehuantepec. L'ethnologie au crible des aires culturelles", *L'Homme. Anthropologie, état des lieux.* Paris : Ecole des Hautes Etudes en Sciences Sociales et Libraire Générale Française : 54-76.

BLACKING, J.
1980   *Le Sens musical*. Paris : Les Editions de minuit (trad. de l'éd. ang. de 1973).

BOHLMAN, Ph. V.
1991   "Epilogue", in Bruno Nettl and Philip V. Bohlman (ed.) *Comparative Musicology and Anthropology of music. Essays on the History of Ethnomusicology*. Chicago and London : The University of Chicago Press : 356-360.

BORN, G.
1995   *Rationalizing music*. Réf à compléter

BOYER, P.
1988   *Barricades mystérieuses et pièges à pensées. Introduction à l'analyse des épopées Fang*. Paris : Société d'Ethnologie.

BRAILOIU, C.
1973   *Problèmes d'ethnomusicologie. Textes réunis et présentés par Gilbert Rouget*. Genève : Minkoff reprint.

CASSIRER, E.
1991   *Logique des sciences de la culture*. Paris : Les Editions du Cerf (trad. de l'éd. all.).

CHAMBOREDON, J.-C.
1977   "Peinture des rapports sociaux et invention de l'éternel paysan: les deux manières de Jean-François Millet", *Actes de la Recherche en Sciences Sociales*, 17-18 : 6-28.

1984   "Emile Durkheim : le social, objet de scienc. Du moral en politique", *Critique*, 445-446 : 460-531.

1986   "Productions symboliques et formes sociales. De la sociologie de l'art et de la littérature à la sociologie de la culture", *Revue française de sociologie*, XXVII, n° *Sociologie de l'art et de la culture*, dir. J.-C. Chamboredon, P.-M. Menger : 505-529.

CHEYRONNAUD, J.
1993   "Manières de voix et de chant, horreurs du lutrin", in Nicole Revel et Diana Rey-Hulman (textes réunis par) *Pour une Anthropologie des voix*. Paris : L'Harmattan : 209-225.

CHEYRONNAUD, J. (suite)
1994 "La Musique en ses idiomes. Un programme d'ethnographie musicale en 1853", *Gradhiva*, 16 : 93-108.

CLIFFORD, J.
1996 *Malaise dans la culture. L'ethnographie, la littérature et l'art au XXe siècle*. Paris : Ecole nationale supérieure des Beaux-Arts (trad. de l'éd. am. de 1988).

DEBRAY, R.
1995 *Vie et mort de l'image*. Paris : Editions Gallimard.

DESCOLA, Ph., LENCLUD, G., SEVERI, C., TAYLOR, A.-C.
1988 *Le Idées de l'anthropologie*. Paris : Armand Colin Editeur.

DESCOMBES, V.
1996 *Les Institutions du sens*. Paris : Les Editions de Minuit.

DUCROT, O.
1972 *Dire et ne pas dire*. Paris : Hermann.

DUFOUR, H.
1991 *Musique, pouvoir, écriture*. Paris : Christian Bourgois éditeur.

FEYERABEND, P.
1979 *Contre la Méthode. Esquisse d'une théorie anarchiste de la connaissance*. Paris : Editions du Seuil (trad. de l'éd. ang. de 1975).

GADAMER, H.-G.
1976 *Vérité et méthode. Les grandes lignes d'une herméneutique philosophique*. Paris : Editions du Seuil (trad. de l'éd. all. de 1960).

GENETTE, G.
1994 *L'Œuvre de l'art. Immanence et transcendance*. Paris : Editions du Seuil.

GOODMAN, N.
1992 *Manières de faire des mondes*. Nîmes : Editions Jacqueline Chambon (trad. de l'éd. am. de 1978).

GRIGNON, C., PASSERON, J.-C.
1989   *Le Savant et le populaire. Misérabilisme et populisme en sociologie et en littérature.* Paris : Ed. du Seuil.

HENNION, A.
1993   *La Passion musicale. Une sociologie de la médiation.* Paris : Editions Métailié.

L'Homme. Anthropologie, état des lieux. Paris : Ecole des Hautes Etudes en Sciences Sociales et Librairie Générale Française, 1991.

LABORDE, D.
1996   (éd.) *Repérer, enquêter, analyser, conserver... Tout un monde de musiques.* Paris : L'Harmattan.

LATOUR, B.
1995   *La Science en action.* Paris : Editions Gallimard.

LENCLUD, G.
1986   "En être ou ne pas en être. L'anthropologie sociale et les sociétés complexes", in *L'Homme. Anthropologie, état des lieux.* Paris : Ecole des Hautes Etudes en Sciences sociales et Libraire Générale Française : 151-163.

1991   "Le Monde selon Sahlins", *Gradhiva*, 9 : 49-62.

1995   "Le factuel et le normatif en ethnographie. Les différences culturelles relèvent-elles de la description ?", in *La Différence.* Neuchâtel, Musée d'ethnographie, GHK : 13-32.

LORTAT-JACOB, B.
1977   "Sémiologie, ethnomusicologie, esthétique", *Musique en jeu*, 28 : 92-104.

MALINOWSKI, B.
1968   *Une Théorie scientifique de la culture.* Paris : François Maspero (trad. de l'éd. am. de 1944).

MENGER, P.-M.
1989   *Les Laboratoires de la création musicale. Acteurs, organisations et politique de la recherche musicale.* Paris : La Documentation française.

NETTL, B.

1983 *The Study of Ethnomusicology. Twenty-nine Issues and Concepts.* Urbana and Chicago : University of Illinois Press.

1991 "The Dual Nature of Ethnomusicology in North America : The Contributions of Charles Seeger and George Herzog", in Bruno Nettl and Philip V. Bohlman (ed.) *Comparative Musicology and Anthropology of music. Essays on the History of Ethnomusicology.* Chicago and London : The University of Chicago Press : 266-274.

OGIEN, R.

1995 *Les Causes et les raisons. Philosophie analytique et sciences humaines.* Nîmes : Editions Jacqueline Chambon.

PUTNAM, H.

1990 *Représentation et réalité.* Paris : Editions Gallimard (trad. de l'éd. am. de 1988).

REVEL, J.

1996 (éd.) *Jeux d'échelles. La micro-analyse à l'expérience.* Paris : Editions du Seuil, Editions Gallimard.

RICE, T.

1994 *May it fill your Soul. Experiencing Bulgarian Music* Chicago : The University of Chicago Press.

SAHLINS, M.

1980 *Au Cœur des sociétés. Raison utilitaire et raison culturelle.* Paris : Editions Gallimard (trad. de l'éd. am. de 1976).

SCHAEFFNER, A.

1956 "Ethnologie musicale et musicologie comparée", in Paul COLLAER (éd.), *Les Colloques de Wégimont.* Bruxelles : Elsevier : 18-32.

1989 "Musique savante, musique populaire, musique nationale" (texte établi par Denise Paulme et présenté par Jean Jamin), *Gradhiva*, 6, 68-88.

SPERBER, D.

1982 *Le Savoir des anthropologues.* Paris : Hermann.

STENGERS, I.

1993   *L'Invention des sciences modernes*. Paris : Editions La Découverte.

STOCKMANN, D.

1991   "Interdisciplinary Approaches to the Study of Musical Communication Structures", in Bruno Nettl and Philip V. Bohlman (ed.) *Comparative Musicology and Anthropology of music. Essays on the History of Ethnomusicology*. Chicago and London : The University of Chicago Press : 318-341.

VEYNE, P.

1971-78   *Comment on écrit l'histoire, suivi de Foucault révolutionne l'histoire*. Paris : Ed. du Seuil.

XENAKIS, I.

1994   *Kéleütha. Ecrits*. Paris : L'Arche éditeur.

CHAPITRE 1

"Vous avez tous entendu son blasphème, qu'en pensez-vous ?"
Dire la Passion selon saint Matthieu, selon Bach

> "Pilate se rendit compte que l'homme se référait constamment à quelque au-delà dont le monde réel lui paraissait dépendre. Le suivre sur ce terrain n'avait aucun sens. Il mit fin à une discussion absurde. On ne contredit pas un illuminé."
>
> Roger Caillois, *Ponce Pilate*

Jamais les mots de Jésus "Je suis le Christ, Fils de Dieu" n'auraient eu quelque chance de devenir blasphématoires si le Procurateur de Judée, Ponce Pilate, s'était contenté de les discréditer, propos vides de sens, produits chimériques d'une illumination soudaine et, pour tout dire, sans conséquence. L'on comprend cependant à la lecture de l'Evangile selon saint Matthieu que Pilate avait fini par céder à de fortes pressions. Celles du Sanhédrin d'abord, dont le président, Caïphe, avait en première instance violemment réagi aux propos de Jésus de Nazareth : "Vous avez tous entendu son blasphème, avait-il lancé à la foule. Qu'en pensez-vous ?" Celles des habitants de Jérusalem ensuite qui, sommés de prendre parti, prononcèrent cette sentence d'évidence : "Il mérite la mort". Devant Pilate, les hiérosolymites précisèrent leur verdict : "Crucifie-le!" Le Procurateur romain pensa-t-il alors, comme se plaît à l'imaginer Roger Caillois, que "pour un administrateur, une injustice entraîne moins d'inconvénients qu'un désordre" ? Toujours est-il qu'il ne s'opposa pas au jugement de la Haute Cour de Justice de Palestine. Confondu de blasphème, Jésus fut crucifié[1].

Pour blasphémer, il faut donc être deux. Et, ici, parler. Un locuteur, Jésus, se sait "Fils de Dieu". Il le dit. Un deuxième, Caïphe, sait que c'est impossible. Il le dit à son tour. Chacun pourrait s'en tenir là. Mais il n'y aurait alors ni blasphème, ni crucifixion, et l'Histoire tournerait court. Or, le dire n'est pas le dit, et notre perspective change dès lors qu'on interroge la situation interlocutoire.

Les mots de Jésus "Je suis le Christ, Fils de Dieu" ne sauraient être blasphématoires par nature. Ils le deviennent dans le discours de Caïphe, au moment où celui-ci les reçoit comme une menace pour le régime de croyances qui régule l'existence du groupe dont il s'éprouve responsable. En tant que président du Sanhédrin, il s'autorise à se sentir menacé par les propos de Jésus. Il les qualifie alors de blasphématoires et exige réparation du préjudice subi.

Une justice ne pouvant s'exercer - au moins formellement - sans législation, Caïphe n'obtiendra toutefois réparation qu'après confrontation des paroles de Jésus avec un appareil législatif à la norme duquel il est possible de mesurer la nuisance du propos. Pour blasphémer, parler ne suffit donc pas. Un dispositif d'évaluation doit préexister à la prise de parole. Erigé en principe d'exclusion, ce dispositif permettra de disqualifier la parole de l'autre, de la rejeter hors la loi sitôt proférée. Travail d'imputation,

---

[1] Cet article reprend l'argument d'un exposé présenté le 23 janvier 1991 au séminaire de Jeanne Favret-Saada (EPHE, 5e section). Parce qu'il est aisément accessible, nous avons emprunté la plupart de nos citations à l'ouvrage documenté qu'Alberto Basso a consacré à Jean-Sébastien Bach et dont les deux tomes ont été traduits en français respectivement en 1984 et 1985. Cependant, pour une approche philologique détaillée, nous nous permettons de renvoyer aux Ecrits de Jean-Sébastien Bach présentés et commentés par Werner Neumann et Hans Joachim Schulze, ouvrage de référence dont Simone Wallon et Edith Weber ont publié en 1976 une traduction critique en français (cf infra références bibliographiques). Chacune de nos citations des écrits de Bach ou le concernant est suivie de son numéro d'ordre dans la l'édition des *Bach Dokumente*, BD.

en somme, devant témoin, nécessairement, et qui s'apparente au mécanisme de la dénonciation.

L'on ne saurait donc réduire un blasphème à son énoncé ou au croisement de deux énoncés. L'on ne saurait davantage le sédimenter en cette condamnation qui le signale. J'accomplis l'acte de blasphémer au moment même où j'énonce ce qui est simultanément reçu comme tel. Un blasphème n'apparaît pas alors comme la conséquence d'un acte de parole, il se réalise dans la parole même : c'est un acte illocutoire. Mais alors comment en parler ? La question interroge notre propre regard : c'est par l'étude de ce mécanisme de parole qui nous fait nommer à notre tour blasphème un mécanisme de parole premier, convoqué en référence, qu'il semble possible d'initier une approche de la notion. Non plus une approche définitoire, mais une tentative de comprendre comment cette notion fonctionne, c'est-à-dire comment nous la faisons exister. Ou comment nous nommons. Voilà que les choses se compliquent.

Soit un musicien. Chanteur, violoniste ou chef d'orchestre, il souhaite interpréter la Passion selon saint Matthieu, oratorio de Jean-Sébastien Bach (1685-1750). Compulsant la partition que publie par exemple la *Neue Bach Ausgabe*[2], il repère d'emblée deux parties. Après l'aria d'alto avec chœur "*Ach ! nun ist mein Jesus hin !*" (Las ! Voici que mon Jésus s'en est allé !) qui ouvre le second volet de l'oratorio, il peut déchiffrer la façon dont Bach travaille ce passage du texte évangélique décrivant la comparution de Jésus devant Caïphe[3] :

L'Evangéliste : Et le Prince des Sacrificateurs lui dit :

Caïphe : Je t'adjure par le Dieu vivant, que tu nous dies si tu es le Christ, Fils de Dieu ?

L'Evangéliste : Jésus lui dit :

---

[2] Nouvelle édition Bach. En 1950, année du bicentenaire de la mort de Jean-Sébastien Bach, deux institutions - Johann Sebastian Bach Institut de Göttingen et Bach-Archiv à Leipzig - ont entrepris une révision critique des partitions éditées par la Bach Gesellschaft depuis 1850 puis par la Neue Bach Gesellschaft depuis 1900. Elles ont alors créé la Neue Bach Ausgabe qui, en collaboration avec l'éditeur Bärenreiter de Kassel, publia en 1955 le premier numéro de son nouveau catalogue : la Messe en si.

[3] Nous empruntons ici la traduction française du texte évangélique du Nouveau testament, traduction nouvelle des Docteurs de l'Université de Louvain, par François Veron, Prédicateur et Lecteur du Roy à Paris, 1646.

> Jésus : Tu l'as dit. Mais qui plus est, je vous dis, que vous verrez ci-après le Fils de l'homme séant à la droite de la vertu de Dieu, et venant es nuées du Ciel.
> L'Evangéliste : Alors le Prince des sacrificateurs deschira ses vêtements, disant :
> Caïphe : Il a blasphémé : qu'avons-nous besoin de tesmoins ? Voilà que vous avez oüy maintenant le blasphème. Que vous en semble ?
> L'Evangéliste : Eux respondants, disent :
> Le chœur : Il est coupable de mort.

La question qui nous préoccupe est la suivante : écrit en grec d'après les dires de saint Matthieu, traduit en allemand par Martin Luther en 1534 (ici, en français par François Veron en 1646), travaillé par Jean-Sébastien Bach une première fois en 1727, puis repris en 1729 et en 1736, transcrit au moyen d'un code graphique qui programme sa réalisation musicale, imprimé et édité, ce texte rapportant la scène par laquelle Jésus devient blasphémateur fait-il courir à son tour au musicien qui aujourd'hui le joue le risque d'une condamnation pour blasphème ?

Evidemment non, répondra-t-on. Par définition, un acte illocutoire ne se rapporte pas. En tant qu'il est un acte illocutoire, un blasphème ne peut donc pas se rapporter comme tel. Il n'y aurait alors aucun danger. Bien sûr, on pourrait toujours évoquer tel énoncé ou telle condamnation, mais l'énoncé n'est pas l'énonciation, et la condamnation... (voir plus haut). De ce qu'un blasphème ne se rapporte pas comme tel, il ne s'ensuit pas cependant que tout risque de répression est évacué. Car si l'on entend décrire l'événement, ou citer tel propos, il nous faut bien, dans l'instant de la narration, prendre à notre tour la parole, c'est-à-dire risquer d'être entendu, donc jugé. Travaillant à une mise en voix de la passion du Christ d'après saint Matthieu, Bach ne peut éviter de rapporter les propos de Jésus et de Caïphe inscrits dans le texte évangélique. Mais alors, comment s'y prend-il ? Que fait-il de cette donnée insolite : un blasphème qui ne se rapporte pas comme tel et qu'il lui faut pourtant signaler par propos rapportés afin d'en dénoncer l'imputation ?

La question nous fait engager une réflexion double. Au niveau du fonctionnement de l'œuvre d'une part : est-il possible de repérer, dans la partition de Bach, un dispositif de représentation qui signalerait une "grammaire musicale du blasphème" ? Au plan de son rendement d'autre part : ce blasphème qui a valu à Jésus sa condamnation en est-il toujours un dans son énonciation selon Bach ? Nous proposons d'instruire ce dossier en privilégiant le point de vue du musicien. Chanteur, violoniste ou chef d'orchestre, il est avant tout praticien. Et pour lui, dire, c'est faire[4].

Une passion à communiquer

A Leipzig en ce début de XVIIIe siècle, les fidèles qui se rendent chaque année à l'office des vêpres du Vendredi Saint ne vont pas écouter un concert. Ils vont entendre lecture de l'Évangile de la passion du Christ et prendre part à la prière commune. Avant d'être un oratorio, la Passion selon saint Matthieu que Bach compose en 1727 est donc bien une passion, c'est-à-dire un récit des souffrances et de la crucifixion du Christ. Elle n'est pas alors destinée à être reçue comme une œuvre d'art telle que nous la considérons aujourd'hui. C'est avant tout un instrument cultuel.

Certes, il existe par ailleurs des oratorios, mais c'est autre chose. *Les sept Paroles du Christ*, que Heinrich Schütz (1585-1672) compose vers 1645 par exemple, ou *La Résurrection* (1708) de Georg-Friedrich Hændel (1685-1759) sont bien des oratorios, pas des passions. Bien que leurs sujets respectifs soient en effet empruntés au récit de la passion, le texte évangélique n'y figure pas dans son intégralité et l'on ne peut les considérer comme des formes musicales (relativement) bien déterminées destinées à promouvoir la liturgie de la semaine sainte. La Passion-oratorio, façon Hændel, n'est pas la Passion "oratoire" que Bach compose. Cette distinction est d'importance. Elles nous semble devoir être précisée, fût-ce de façon sommaire dans les limites de ce paragraphe.

Dès le haut Moyen Age, le récit de la passion s'est démarqué des autres textes ecclésiastiques. Selon les préceptes de saint Augustin[5], il est recommandé, au Ve siècle, de le lire *solemniter*, solennellement. Cette déclamation particulière exige un mode d'expression vocale spécifique. Pour emprunter à une terminologie

---

[4] Nous nous permettons ici une allusion explicite à notre propre activité de chef d'orchestre qui nous a conduit à diriger des Passions, notamment de Telemann.

[5] *Sermons, 218*, I. Cf. sur ce sujet notamment Chailley, 1963 : 12 et sq. et la présentation éclairante que Solange Corbin propose du *De musica libri sex* de saint Augustin, in Corbin, 1960 : 192 et sq.

traduite de Boèce[6], il ne s'agit pas alors d'une voix continue, qui est celle du parler ordinaire, non plus que d'une voix diastématique, cette voix chantée où le débit de la parole est freiné par la mélodie du chant. Il faut rechercher une troisième voix, celle qui permet une lecture psalmodiée sur corde récitative ou, préférait-on dire alors, cette voix "récitant les cantilènes". Peu après le début du XIIIe siècle, cette codification de l'énonciation se précise : la récitation doit se faire selon trois registres différents, de sorte que le fidèle distingue aisément Jésus, l'Évangéliste et la Foule[7]. Cette exigence provoque bientôt un partage des rôles : "le prêtre, plus élevé en dignité, tient le rôle du Christ; le sous-diacre, ministre inférieur, s'adjuge les répliques des personnages profanes, familièrement désignés sous le nom de 'la canaille'; entre les deux, le diacre (...) joue le 'récitant' en disant les textes de liaison : c'est 'l'Évangéliste'" (Chailley, 1963 : 11).

Dans le courant du XVe siècle, le récit de la passion est traité simultanément par plusieurs voix. La polyphonie fait son entrée en liturgie, et la collaboration du *musicus*[8] est désormais requise : c'est lui qui programme au moyen d'un code étalé graphiquement dans le livre[9] l'énonciation du texte évangélique. Dans le dernier tiers du XVIIe siècle, alors que dans le nord de l'Europe, à Weissenfels, Schütz compose des passions *a capella*[10], Alessandro Scarlatti (1660-1725) prend, à Rome, l'initiative d'adjoindre des instruments

---

[6] Cf Corbin, 1960 : 194-196.

[7] Sur la question d'une codification graphique de la distribution des rôles dans les récits évangéliques de la passion, cf. Chailley, 1963 : 427-431.

[8] Reprise au quatrième siècle par saint Augustin, la figure du *musicus* - "savant connaissant la musique" - avait été façonnée dans la Grèce antique. Dans son *De musica*, saint Augustin oppose ce théoricien de la musique à l'instrumentiste et au chanteur qui ne font, eux, qu'imiter des gestes. Au dixième siècle, Guí d'Arezzo (v. 990 - v. 1050) précisera cette dichotomie : "Entre les musiciens et les chanteurs, il y a une grande distance. Ce qui constitue la musique, les seconds l'accomplissent, mais les premiers le savent. Or, mettre en pratique quelque chose dont on ne connaît pas la théorie est propre à l'animal" (in Corbin, 1960 : 49). D'un coté la théorie, de l'autre l'office. Dans son *Traité des offices*, Isidore de Séville (570-636) entérine la distinction mais en inversant le rapport de force : pour lui, la pratique prévaut sur le savoir. A partir du XVe siècle, l'entrée en liturgie de la polyphonie entraîne une complexification de la syntaxe musicale. Le chant de l'office ne peut plus alors faire l'économie d'une composition musicale programmée par un spécialiste. Le *musicus* devient indispensable.

[9] Le mot partition, issu de l'italien *partizione*, ne fera son entrée dans le lexique français que vers 1690.

[10] Pour voix seules, sans instruments.

à cordes aux voix des chanteurs dans la Passion selon saint Jean qu'il écrit entre 1680 et 1685. Peu auparavant, en 1672, Johann Sebastiani (1622-1683), Maître de Chapelle à Königsberg, avait pour sa part décidé d'interrompre le récit évangélique de sa Passion selon saint Matthieu par des chorals luthériens que l'assemblée des fidèles pouvait chanter. En 1683 enfin, David Funck (1630-1690) introduit dans sa Passion selon saint Luc des arias *da capo*, à la façon des opéras italiens. Hændel amplifiera ce procédé dans deux passions que Bach connaissait bien : sa Passion selon saint Jean (Hambourg, 1704), et celle d'après Brockes (1716)[11].

L'oratorio (entendu ici comme agrégat de formes musicales distinctes bloquées en un genre spécifique et aisément repérable comme tel) entre alors de plain-pied dans l'appareil liturgique de la semaine sainte. Tous ses ingrédients (le chœur, l'aria, le récit, la sinfonia orchestrale) participent désormais du procès d'énonciation de la passion, et la mise en voix du texte évangélique ne peut dorénavant se passer du savoir-faire du compositeur. Serviteur zélé de l'autorité religieuse, il devient alors ce véritable Janus du monde ecclésiastique local. A la fois "expert" (c'est sa face *musicus*) dans l'évaluation d'une juste saisie vocale du texte de la passion et "bricoleur" (son côté *cantor*) chargé de diriger les répétitions et de garantir une interprétation convenable de l'énoncé qu'il a désormais fait sien, le *Kapellmeister*, Maître de Chapelle, est à l'entier service du culte. Au service du culte, et du Consistoire.

Au terme de l'article 2 du contrat de 1723 qui le liait au Conseil de Leipzig, Jean-Sébastien Bach s'engageait à "porter à un bon niveau la Musica dans les deux églises principales de la ville, au mieux de (ses) possibilités" (BD I, 92 in Basso, 1984 : 576). Concrètement, cela signifiait notamment : composer une cantate nouvelle pour chaque dimanche et jour de fête du calendrier liturgique, assurer les enterrements, les mariages et autres fêtes

---

[11] Barthold Heinrich Brockes (1680-1747) a publié en 1712 à Hambourg un poème de la Passion : *Der fur die Sünde der Welt Germarterte und Sterbende Jesus* (Jésus martyrisé et mort pour les péchés du monde). Plusieurs fois réédité ce poème fut largement diffusé au long du XVIIIe siècle. Il connut un franc succès auprès des compositeurs, qui furent nombreux à le mettre en musique. Citons notamment Keiser, en 1712, puis Telemann (1716). Haendel (1716), Mattheson (1718), Fash (17'23), Stölzel (1725), Bachofen (1759). Lors de la semaine sainte de 1719, Mattheson a dirigé à Hambourg les quatre premières versions musicales de ce poème. Sur cette performance notoire, cf. Friederich, H., *Das Verhältnis von Text und Musik in der Brockespassionen Keisers, Händels, Telemanns, und Matthesons*, Munich, E. Katzbichler, 1975.

privées pour lesquelles il risquait d'être sollicité à tout moment, agrémenter de musique les cérémonies municipales. Bach s'engageait à produire de la musique, c'est-à-dire à composer, copier les partitions à la fois pour les instrumentistes de l'orchestre et pour les chanteurs du chœur, organiser les répétitions avec les élèves de la *Tomasschule*, l'école Saint-Thomas dont il était *Director musices*, procurer à ses élèves un niveau de formation musicale et de maîtrise technique suffisant afin qu'ils puissent interpréter ses compositions[12], présenter enfin, le dimanche venu, sa cantate inédite. Ça, c'était l'ordinaire. L'apothéose, c'était le temps pascal, point fort de l'année liturgique.

Les règlements qui régissaient les pratiques cultuelles de la ville de Leipzig stipulaient que l'évangile de la passion devait être lu à l'église Saint-Nicolas (la plus importante de la ville) pendant l'office du matin, et sur le mode d'une psalmodie grégorienne. A partir de 1717 cependant, il devint possible de chanter une passion sous forme d'une polyphonie, mais à condition que ce fût dans l'église Saint-Thomas, et pendant l'office des vêpres. Peu après, contournant l'interdiction faite de jouer de la musique instrumentale pendant ce *tempus clausum* qu'est le Carême, le Consistoire autorisa en 1721 qu'une musique de la passion fût interprétée sous forme d'oratorio, toujours à Saint-Thomas, et l'après-midi uniquement. En 1724 enfin, il donna son accord pour que l'oratorio fût joué à Saint-Nicolas, et Jean-Sébastien Bach composa alors, pour sa première semaine sainte à Leipzig, une Passion selon saint Jean qu'il donna à entendre le vendredi 7 avril. Décision fut prise ensuite d'interpréter chaque année une musique de la passion dans les deux églises de la ville en alternance, et en 1729 c'est à la *Tomaskirsche* que Bach produit sa passion oratoire, selon saint Matthieu[13].

---

[12] L'article 6 du contrat signé de 1723 qui liait Bach au Conseil de Leipzig précisait encore que le Cantor se devrait "d'instruire diligemment les enfants non seulement dans la musique vocale, mais également en matière de musique instrumentale, afin que l'église puisse éviter des dépenses inutiles" (BD I, 92 in Basso, 1984 : 576).

[13] Le sacristain de l'église Saint-Thomas, Johann Christoph Rost, a consigné scrupuleusement ses remarques sur le déroulement des offices jusqu'en 1738. Grâce à ce témoignage précieux, nous connaissons dans le détail le programme du service liturgique du vendredi saint de 1729 que nous exposons ci-après (BD II, 180 in Basso, 1985 : 497).

Leipzig, vendredi 15 avril 1729

Dès la sonnerie de cloches de 13 heures, les fidèles se dirigent vers l'église Saint-Thomas. Chanté par le chœur, le choral *Da Jesus an dem Kreuze stund*[14] ouvre l'office liturgique de l'après-midi. Les vêpres se poursuivent par le premier volet de la passion selon Bach, comprenant notamment lecture des premiers épisodes du récit évangélique : la Cène (Matthieu 26, 1 à 35) et l'arrestation de Jésus (Mt. 26, 36 à 56). Après le choral figuré *O Mensch, bewein' dein' Sünde groß*[15] qui conclut cette première partie, l'assemblée entonne le choral *Herr Jesus Christ, dich zu uns wend*[16] avant d'écouler le sermon du prédicateur. A la fin du prêche, le chœur et l'orchestre interprètent la seconde partie de la *Passionsmusik* : l'interrogatoire devant Caïphe (Mt. 26, 57 à 75), le deuxième interrogatoire, devant Pilate (Mt. 27, 1 à 30), l'exécution de la sentence (Mt. 27, 31 à 50) et la mise au tombeau (Mt. 27, 51 à 66). Le motet, en latin, de Jacobus Gallus[17] *Ecce quomodo moritur* est ensuite chanté; il précède la psalmodie de l'un des versets de la passion. L'office des vêpres s'achève par une oraison après laquelle les fidèles se séparent en chantant le choral *Nun danket alle Gott*[18]. Si l'on considère que l'interprétation de la composition de Bach dure approximativement trois heures, il semble raisonnable d'estimer que l'ensemble de la cérémonie religieuse se déroule pendant quatre, voire cinq heures, soit l'après-midi entier.

L'on retiendra ici que la composition de Bach participe d'un ensemble cultuel plus vaste qui l'englobe : le culte du vendredi saint. Par conséquent les chanteurs du chœur et les musiciens de l'orchestre sont auteurs de l'office liturgique au même titre que les fidèles de l'assemblée qui chantent les cantiques et le *supérius* de ces chorals qu'ils connaissent bien, et que Bach a harmonisés. La

---

[14] "Alors Jésus fut mis en croix"
[15] "O Homme, lamente ton grand péché"
[16] "Seigneur Jésus-Christ, toi qui te tournes vers nous"
[17] Après avoir vécu comme moine cistercien dans les couvents autrichiens de Melk et Swett, Jacobus Gallus (1550 - 1591) fit partie de la Chapelle de la cour de Vienne (1574) et fut maître de chapelle de l'évêque d'Olmütz (ancienne Tchécoslovaquie) de 1580 à 1585. Devenu jésuite en 1581, il vint ensuite à Prague comme "regens chori" de l'église Saint Jean in Vado. Auteur de nombreuses messes et de motets polyphoniques, il est considéré comme l'initiateur des productions monodiques du début du baroque.
[18] "Maintenant, rendez tous grâce à Dieu."

réalisation de cette Passion selon Bach requiert par ailleurs la participation de près de soixante interprètes. Un effectif aussi important a de quoi surprendre quand on sait que le Cantor travaillait dans des conditions pour le moins précaires. Un an plus tard en effet, le 23 août 1730, il adresse au Conseil de Leipzig un *Bref mais indispensable exposé de ce que l'on doit entendre par musique d'église bien réglée, avec quelques modestes considérations sur sa décadence*, mémoire de cinq pages dans lequel il dénonce à la fois le manque de qualification de ses interprètes et les problèmes que pose le recrutement d'instrumentistes pour l'orchestre.

Selon ses estimations, un orchestre devrait comprendre vingt instrumentistes. Or il ne dispose que de sept musiciens. Et encore, précise-t-il : "J'éviterai par discrétion de me prononcer sur leurs qualités et leurs connaissances musicales" (BD I, 22 in Basso 1985 : 134). Dans le domaine de la musique vocale, la situation n'est pas meilleure. Quand la formation d'un chœur convenable dans chacune des trois principales églises de la ville exigerait la présence de trente-six chanteurs ayant de bonnes connaissances musicales, il ne trouve jamais, malgré une comptabilité serrée, que dix-sept élèves qui soient aptes au service : "summa : 17 utilisables, 20 non encore utilisables pour l'instant, et 17 inaptes" (id.). Cette pénurie de musiciens perturbe certes l'organisation du service dominical. Mais les jours de fête, "l'absence des éléments nécessaires devient encore plus évidente, puisqu'il faut aller chercher dans l'autre chœur les élèves qui savent jouer de tel ou tel instrument, et qui pourraient être bien utiles ailleurs" (ibid.). Bach rédigera ce rapport le 23 août 1730. Or que prévoit-il un an plus tôt pour ce vendredi saint de 1729 ? Le doublement des effectifs habituellement requis, en adoptant pour l'occasion cette tradition vénitienne du double chœur que Schütz venait de faire connaître en Saxe[19] : deux

---

[19] Ayant terminé ses études de droit en pays de Hesse, Heinrich Schütz (1585-1672) obtint une bourse pour étudier la musique à Venise auprès de Giovanni Gabrieli (1557-1612), organiste à Saint-Marc. Là il se familiarisa avec cette technique de composition pour deux chœurs dont Gabrieli avait fondé le principe en utilisant les possibilités qu'offrait l'architecture intérieure de l'église Saint-Marc. Après trois années à Venise. Schütz utilisa ce principe vénitien d'une polychoralité dans ses œuvres religieuses. En 1629, il retourna en Italie et travailla avec Monteverdi. Organiste de la cour de Kassel puis à Dresde, il diffusa cette technique stéréophonique dans les pays germaniques avant d'être appelé en 1633 a Copenhague comme maître de la chapelle du roi de Danemark. Parmi ses compositions, citons notamment ses *Canciones sacrae* (1625), ses *Psaumes de David* (1619), l'*Histoire de la Résurrection* (1623), son *Musikalische Exequiem*

chœurs, deux orchestres, deux orgues. D'après les chiffres qu'il mentionne dans son rapport, on peut estimer, au minimum, à cinquante-sept le nombre de musiciens nécessaires à l'interprétation de sa *Passionsmusik*. Or, il ne dispose que de vingt-quatre instrumentistes et choristes. Une provocation ?

L'espace graphique

Alors le Cantor bricole. Ses filles et sa femme, Anna Magdalena, copient le matériel d'orchestre. Pour l'interprétation, il fera appel à des étudiants de l'université faiblement rétribués[20], à des amis aussi et ses fils et ses neveux seront réquisitionnés pour jouer des instruments. La famille Bach était une famille nombreuse[21].

Jean-Sébastien Bach connaît par avance les contingences qui conditionneront la réalisation de sa Passion. Il a appris à faire avec. Il sait aussi dans quel cadre liturgique elle s'émancipera, et il confectionne pour l'occasion un objet sur mesure. Manuscrit d'abord, pétrifié dans la page prête à porter ses notes, vocalisé ensuite, dans l'espace acoustique d'un agir rituel. Il puise à trois sources différentes, trois textes, de quoi ourdir son propos : le texte évangélique d'abord, selon saint Matthieu, dans la traduction

---

(1636) et son *Geistliche Chormusik* (1618), recueil de référence sur les motets protestants du XVIIe siècle.

[20] Voire pas du tout. Dans son exposé sur la musique d'église, Bach est on ne peut plus clair sur ce point : "le fait d'avoir aboli les beneficia m'empêche de porter la situation de la musique à un meilleur niveau" (in Basso. 1985 : 135).

[21] Nous connaissons la situation familiale de Bach à cette époque notamment par une lettre qu'il adresse le 28 octobre 1730 à un ami de Dantzig, Georg Erdmann. Lassé par les querelles qui l'opposent aux autorités de la ville, Bach cherche a quitter Leipzig : "Si Votre Seigneurie Illustrissime, écrit-il à Erdmann, connaissait ou pouvait connaître (...) un poste convenable, je Vous prierais très humblement de bien vouloir m'appuyer d'une recommandation". Et Bach d'expliquer, à l'appui de sa demande, le pari qu'un employeur pourrait tirer de sa propre famille : "De ce premier mariage, sont en vie un fils et deux filles. Mon fils aîné est studiosus juris, les deux autres fréquentent encore l'école, l'un en première, l'autre en seconde, et mon aînée n'est pas encore mariée. Les enfants du second mariage sont encore petits, et le plus grand a six ans. D'une façon générale, ce sont des musiciens nés, et je puis vous assurer que l'on peut avec ma famille former un concert vocaliter et instrumentaliter, d'autant que ma femme actuelle a une jolie voix de soprano et que ma fille aînée ne chante pas mal non plus" (in Basso, 1985: 138).

allemande de Luther; des poèmes mystiques ensuite, ceux de son ami Henrici, si pauvres que le texte n'opacifiera pas la musique[22]; des chorals enfin, ceux du culte dominical, que tout le monde connaît et qu'il suffira d'harmoniser. Scrupuleusement choisis, découpés, assemblés, arrangés, entés, inscrits enfin dans l'espace du papier à musique, ces trois textes bientôt n'en font qu'un. Texte nouveau, prêt pour l'aventure d'énonciations multiples.

Bloquée en un objet tridimensionnel qui lui procure sa factualité, la composition entre en régime d'économie scripturaire. Le dessin de l'encre dans la page n'est pourtant pas une fin en soi : il engage la Passion dans la voie d'une communication orale programmée. La partition signale, elle provoque surtout. Soumise au principe d'extériorité qui la gouverne désormais, capturée dans l'espace graphique d'une surface plane, et signée, la Passion accède à cette itérabilité par quoi nous savons l'identifier comme "de Bach" dans la dynamique interlocutoire de sa réalisation vive. En figeant les caractères d'un système notationnel, l'écriture assume une fonction d'arrêt. Elle permet que deux regards hétérogènes se croisent. Ce premier (il nous faut bien désigner un premier), à l'inscription. Prisonnier certes de multiples relations interdiscursives de répétition mais premier néanmoins, compositeur, dont le geste graphique confère pleine publicité à l'énoncé qu'il dit sien. Puis ce second (l'un parmi tant de seconds), à la description, interprète, qui entend comprendre pour lui donner vie cet énoncé qu'il fera sien dans l'instant de la profération. C'est là qu'a lieu la synesthésie, au croisement de deux regards qui, ensemble, délimitent cette sphère conventionnelle d'un savoir partagé, un solfège. Notre attention se focalise alors sur ce frayage de la passion, par l'énoncé pour accéder à l'énonciation, par le dit vers le dire. Rencontre de l'œil et de l'oreille. Par la voix.

Mais la trace aujourd'hui n'est plus manuscrite. Il convenait de mettre un terme à cette variance de principe de la copie à la main, d'en finir enfin avec la rature, bref : d'authentifier l'œuvre en établissant son singulier. Les quatre réalisations que Bach a dirigées

---

[22] L'évocation du faible intérêt littéraire des poèmes de Henrici est largement répandue dans la production d'études consacrées à Bach. Sans doute Charles Bannelier en fournit-il en 1874 le paradigme : "Les paroles des soliloquia, airs, récitatifs et chorus, sont l'œuvre d'un rimeur d'imagination assez pauvre, dont on a pourtant imprimé plusieurs fois les œuvres complètes : Chrétien-Frédéric Henrici." Et le critique de la Gazette musicale de s'en consoler : "Cette poésie était sans doute ce qu'on désirait alors pour un semblable sujet" (Bannelier, 1871 : 100)

à Leipzig étaient toutes en effet différentes[23]. Il a donc bien fallu trancher. Reçu en héritage par son fils, Karl Philip Emmanuel, puis conservé à Berlin, c'est le manuscrit de 1736 qui fera référence. Imprimée pour la première fois à Berlin en 1830 par Schlesinger, la partition de la Passion selon saint Matthieu de Jean-Sébastien Bach est désormais éditée par la *Neue Bach Ausgabe*, bloquée une fois pour toutes. L'édition est un choix.

Nous voici donc, en deuxième instance, exégètes de notre propre questionnement. Forts de ce savoir solfégique qui nous rend si proches du compositeur, nous repérons dans la partition trois formes musicales. Fossilisées en récitatif, chœur et aria, elles orientent le traitement musical des trois avant-textes convoqués par Bach au rendez-vous de cette Passion oratoire. Pour le récit évangélique ? récitatifs et chœurs. Les poèmes de Henrici ? arias et chœurs. Les chorals ? tous en chœurs. Par-delà ce dénominateur commun qu'est le chœur, Bach opère une césure entre le récitatif (réservé au texte évangélique) et l'aria (pour les poèmes de Henrici). Nous tenterons ultérieurement de saisir le pourquoi d'une césure aussi franche.

Schématiquement, l'épisode de la comparution de Jésus devant Caïphe est traité de la façon suivante (voir page suivante).

Il s'agit ici de comprendre pourquoi, dans une séquence nodale de l'importance de celle qui fait de Jésus un blasphémateur (ici les quatre segments du numéro 36 de la NBA), Bach a recours uniquement au récitatif et au chœur ? Ou, pour reprendre la question esquissée précédemment, pourquoi le partage récitatif (texte évangélique) / aria (poèmes mystiques) est aussi clairement marqué ? Nous sommes alors amenés à engager une réflexion sur le récitatif, objet, en ce XVIIIe siècle de Lumières, de querelles passionnées.

---

[23] La première interprétation de la Passion selon saint Matthieu a eu lieu pendant l'hiver 1726-1727. La partition a eté retravaillée ensuite par Bach pour le 15 avril 1729. Il a dirigé deux autres réalisations de sa Passion : à Saint-Thomas le 31 mars 1736, et plus tard, vers 1744. C'est le manuscrit de 1736, déposé à Berlin en 1841, qui a servi de référence pour la *Neue Bach Ausgabe* que publient aujourd'hui les éditions Bärenreiter.

n° NBA	chœur orchestre	Incipit littéraire	Forme musicale Personnages	Auteur
30	I.II	Ach, nun ist mein Jesus hin	Aria (alto) avec chœur	Henrici
31	I	Die aber Jesum gegriffen hatte	Récitatif (Évangéliste)	Matthieu (26, 57-60)
32	I.II	Mir hat die Welt trüglich gericht	CHORAL	5e strophe de *In dich hab ich gehoffet*, Herr de Adam Reusner (1533)
33	I.II	Und wiewhol viel falsche Zeugen herzutraten	Récitatif (Évangéliste, Caïphe, Témoins I & II)	Matthieu (26, 61-63 a)
34	II	Mein Jesus schweigt zu falschen Lügen stille	Arioso (ténor)	Henrici
35	II	Geduld	Aria (ténor)	Henrici
36a	I	Und der Hohepriester antwortete	Récitatif (Évangéliste, Caïphe, Jésus)	Matthieu (26, 63b-66a)
36b	I.II	Er ist des Todes schuldig	Chœur	Matthieu (26, 66b)
36c	I	Da speieten sie aus	Récitatif (Évangéliste)	Matthieu (26, 67-68a)
36d	I.II	Weissage uns, Christe	Chœur	Matthieu (26, 68b)
37	I.II	Wer hat dich so geschlagen	CHORAL	3e strophe de *O Welt sieh hier dein leben* de Paul Gerhardt (1647)

Du récitatif

Dans l'Encyclopédie, Rousseau définit le récitatif comme "une manière de chant qui s'approche beaucoup de la parole" et de préciser : "c'est proprement une déclamation en musique". Le récitatif serait ainsi une sorte de dérivé musical de la déclamation[24]. Reportons-nous donc à la rubrique déclamation de l'Encyclopédie, et plus précisément à l'article Déclamation des anciens, de Duclos. Là, la déclamation apparaît comme "une affection ou modification qui arrive à votre voix lorsque (...) notre âme est émue de quelque passion ou de quelque sentiment vif". Cette modification est cependant "différente de celle du chant et de celle de la parole puisqu'elle peut s'unir à l'une et à l'autre, ou en être retranchée". Ainsi la déclamation a-t-elle une existence propre. On peut l'identifier en repérant les quatre étapes de toute profération orale. D'abord simple son "tel que le cri des enfants", la voix reçoit lors de son passage dans la bouche des "modifications qui la rendent articulée". Parlée ou chantée, cette voix passe alors par les inflexions expressives des passions que sont pour Duclos ces tons déclamatoires qui conduisent, étape ultime, à une réalisation déclamée. La déclamation serait donc l'élément dernier d'un système linéaire pouvant caractériser aussi bien la voix parlée (la parole) que la voix chantée (le chant, le récitatif). Duclos tire de ces observations une conclusion double. D'une part, "nous ne

---

[24] Il pourra paraître surprenant de rencontrer ici, dans un paragraphe visant à comprendre le rôle du récitatif dans la passion oratoire allemande, les noms de Rameau, Rousseau, d'Alembert ou Grimarest, connus pour avoir notamment animé des polémiques passionnées autour de la musique théâtrale française au XVIIIe siècle. Nous avons choisi de briser les frontières. Comment en effet engoncer une analyse des grammaires musicales dans une théorie fixiste des "écoles" qui ferait de la géographie politique un paradigme du style, voire des préoccupations compositionnelles ? A Rome, à Vienne, à Leipzig ou à Versailles par exemple, des corps de pages ou des maîtrises procuraient une formation à de jeunes garçons en échange du chant à l'office. Y aurait-il une différence de nature entre ces corps constitués selon leur implantation géographique ? Notons encore qu'en cette Europe du XVIIIe siècle, les rivalités entre les cours et entre les chapelles dessinaient, par artistes interposés, des problématiques communes, et les échanges étaient nombreux. Ainsi la question du rapport texte musique dans le fonctionnement de l'œuvre vocale n'est propre ni à la passion-oratoire allemande, ni a l'opéra français ou italien. Appliquées au récitatif allemand les théories de d'Alembert telles que Catherine Kintzler les explicite nous semblent permettre de désenclaver l'analyse musicologique du repaire où un savoir cumulatif semblait l'avoir oubliée. Nous n'avons donc pas hésité à nous y référer.

connoissons pas encore la nature de cette modification expressive des passions qui constitue la déclamation". D'autre part, "la parole s'écrit, le chant se note; mais la déclamation expressive de l'âme ne se prescrit point". Mais alors, si la déclamation ne peut se noter, et s'il est vain d'en prétendre établir quelque définition théorique, comment concevoir qu'elle puisse être une notion première du récitatif ? Serait-ce la ruine de l'approche rousseauiste ? Et faudrait-il cesser de considérer le récitatif comme proche de la voix parlée ?

Dans un article récent, Catherine Kintzler (1986) propose de résoudre cette contradiction apparente en posant l'hypothèse qu'il existerait, dans le système de Duclos, un chaînon manquant entre voix parlée ou chantée et tons déclamatoires. Ce chaînon serait composé de trois éléments : prosodie, système du vers, système sémantique. Ce troisième élément fait que le système des significations serait défini par des lois objectivables. C'est ce que C. Kintzler nomme "le principe de d'Alembert", dont elle repère les fondements dans ses *Eclaircissements sur les éléments de philosophie* (1767) : "Si j'avais à exprimer musicalement le feu qui dans la séparation des éléments prend sa place au plus haut lieu, pourquoi ne le pourrais-je pas jusqu'à un certain point par une suite de sons qui iraient en s'élevant avec rapidité ? Je prie les philosophes de faire attention qu'en ce cas la musique serait parfaitement analogue à ces deux phrases également admises dans la langue : le feu s'élève avec rapidité; des sons qui s élèvent avec rapidité. La musique ne fait autre chose que réunir en quelque sorte ces deux phrases dans un seul effet, en mettant le son à la place du feu" (in Kintzler, 1986 : 136). Il ne s'agit pas ici d'introduire quelque élément d'expressivité qui fonctionnerait comme une vague synesthésie. La règle de l'analogie qui sert de base au traitement musical d'un texte consiste bien ici en une démarche rigoureuse qui contraint le compositeur à trouver concrètement, dans la langue, deux expressions admises, de sorte, poursuit d'Alembert, "qu'en substituant au son qu'elle nous fait entendre l'objet qu'elle veut peindre, on puisse former deux phrases qui soient l'une et l'autre admises dans la langue". Ce principe trouve à s'appliquer remarquablement aux récitatifs de Bach. Nous en proposons une illustration dans l'analyse du récitatif qui se rapporte au moment où, Jésus étant en train de mourir sur la croix, la terre tremble et le voile du temple se déchire (page suivante).

Dire la Passion selon saint Matthieu, selon Bach 45

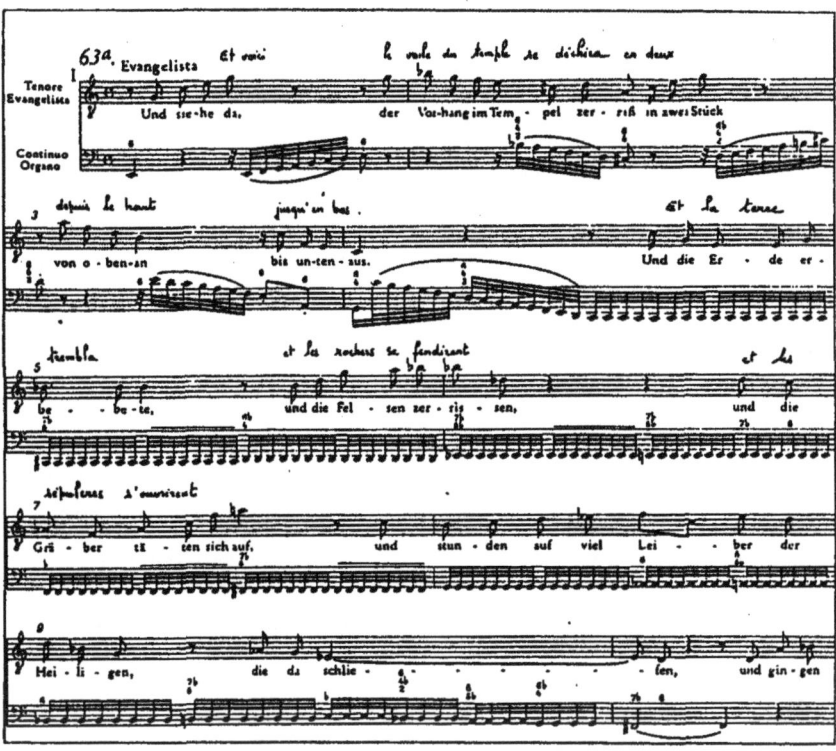

Le principe d'Alembert semble caractérisé d'une manière saisissante dans le récitatif décrivant le cataclysme qui s'abat sur Jérusalem au moment de la mort de Jésus sur la croix : "Et voici, le voile du Temple se déchira en deux, depuis le haut jusqu'en bas, la terre trembla, les rochers se fendirent, les sépulcres s'ouvrirent, et plusieurs corps des saints qui étaient morts ressuscitèrent". Nous proposons la lecture suivante du rapport texte / musique dans ce récitatif :

- mesures 1,2,3. "Le voile du temple se déchira en deux" / la mélodie se déchire en deux. Effet amplifié par le continuo qui, avec deux temps de décalage, dessine un mouvement mélodique ascendant, puis descendant, parallèle au chant.

- mesure 4. "Depuis le haut jusqu'en bas" / la mélodie descend depuis le haut jusqu'en bas. Un ambitus de 13e pour la voix, ambitus de deux octaves pour le continuo.

- mesures 5 à 10. "La terre trembla" / la musique tremble. Batteries de triples croches au continuo.

- mêmes mesures. "Plusieurs corps des saints ressuscitèrent" / la mélodie ressuscite. Mouvement chromatique ascendant du continuo (Editions Bärenreiter).

L'ensemble -prosodie, système du vers, système sémantique-constitue, pour C. Kintzler, un système linguistique commun à la voix parlée et à la voix chantée. Il ne permet guère cependant d'élucider la différence entre chant et récitatif. C'est qu'un deuxième système, musical celui-là, vient se greffer sur ce premier dans le cas d'une émission vocale chantée. Catherine Kintzler peut alors établir une distinction entre récitatif et chant sur la base d'un rapport de force entre ces deux systèmes. Lorsque le système du vers est asservi et que le système musical est contraignant, nous entendons un air chanté : c'est l'aria du compositeur. Lorsque le rapport de force s'inverse, que le système linguistique est contraignant et le système musical asservi, nous avons affaire à une déclamation lyrique : le récitatif. En simplifiant à l'extrême cette répartition des rôles entre récitatif et aria : quand le texte est important, le compositeur écrit un récitatif, lorsqu'il l'est moins, il compose un aria.

Sans doute convient-il de voir dans ce rapport de force l'origine de la distinction que Bach opère entre récitatif et aria : au récitatif le texte évangélique (Bach ne peut pas faire moins que de concéder au message évangélique la priorité sur son système musical), à l'aria les poèmes de Henrici (choisis de façon à ce qu'ils puissent sans ambages être asservis à la musique). Voilà qui explique aussi le fait que cette scène qui fait de Jésus un blasphémateur soit traitée exclusivement dans la forme du récitatif. Là, c'est le mécanisme de parole qui importe.

Si Bach use exclusivement du récitatif dans le traitement du texte de la passion évangélique, c'est qu'il est le moyen privilégié pour exprimer les accents passionnés. Bach connaissait-il le *Traité du récitatif* de Grimarest ? Il est permis d'en douter. Pourtant, ce dernier énonce des préceptes que le Cantor de Saint-Thomas semble sans ambiguïté avoir fait siens : "Il faut établir pour principe que la passion ne saurait être exprimée que par les accens, par la prononciation, et par les gestes qui lui sont propres. Or il est impossible, en conservant les règles de la musique, de donner à la passion ce que je viens de dire; il n'y a que la seule déclamation qui puisse le faire. Donc toute passion assujettie aux intervalles et aux mesures de la musique perd de sa force" (Grimarest, 1707 : 176-177). En clair, la passion est dans le récitatif. Et dans la partition autographe de 1736, Bach copie le texte évangélique des récitatifs à l'encre rouge.

Une rhétorique de la persuasion

"Comme les premiers motifs qui firent parler l'homme furent des passions, ses premières expressions furent des Tropes" (Rousseau, 1990 : 68). Exprimée ici par Rousseau dans son *Essai sur l'origine des langues*, l'idée qu'il existe un rapport entre passions et tropes est largement diffusée au long du XVIIIe siècle. Dumarsais l'entérine en 1730 dans son traité *Des tropes* : "Les figures (sont) pour ainsi dire le langage de l'imagination et des passions" (Dumarsais, 1988 : 66). Et il suggère que, dans la déclamation, la voix tremble lorsqu'elle prononce le mot frimas, qu'elle tombe sur abîme, qu'elle vocalise sur vole... Chez Bach, la voix vocalise sur *Wolken* (nuages) quand Jésus prédit son retour sur terre. Une stratégie rhétorique serait-elle à l'œuvre dans la Passion ?

Sans doute. Car ne nous y trompons pas : tous les récitatifs ne sont pas identiques. *Secco* pour l'Évangéliste et les personnages de la passion, *accompagnato* pour Jésus. *Recitativo secco*, cela signifie que le chant, syllabique et mesuré d'une façon relativement libre, n'est soutenu que par les deux instruments du continuo (orgue, violoncelle) et de façon intermittente. *Recitativo accompagnato* pour Jésus, cela signifie que son chant n'est pas rigoureusement syllabique et, surtout, que chacune de ses interventions est accompagnée par les instruments à cordes de l'orchestre. Jésus n'intervient donc jamais seul. Il est toujours entouré de son orchestre, procédé par lequel Bach amplifie l'effet de ce que C. Kintzler nous inciterait à nommer désormais "le principe de d'Alembert" (page suivante).

Par contre, quand Caïphe disqualifie comme blasphématoires les paroles de Jésus, il est seul. L'orchestre s'est tu. Le continuo aussi, ou presque : un accord par mesure, et silence total sur "*Jetzt habt ihr seine Gotteslästerung gehöret*" (maintenant vous avez entendu son blasphème). Malmené par une ligne mélodique aux intonations difficilement maîtrisables, Caïphe s'élance solitaire, et misérable. Le sourd écho de sa propre voix accompagne seul sa profération. Sa profanation plutôt. Car soyons clairs, semble nous dire Bach : ce n'est pas Jésus qui a blasphémé. Lui, disait vrai. C'est Caïphe qui, en réclamant la condamnation à mort de celui qui était le Fils de Dieu a commis le véritable blasphème (page suivante).

En fait, Bach prend parti. Il prend parti pour Jésus. Et l'on n'en attendait pas moins, puisqu'il est lié par contrat avec le Consistoire pour cela, pour, notamment ici, dénoncer l'imputation de

L'intervention de l'orchestre (mes. 7) annonce la prise de parole par Jésus : « *Tu l'as dit. De plus, je vous le déclare, vous verrez désormais le Fils de l'homme assis à la droite de la puissance de Dieu, et venant sur les nuées du ciel.* » Le chant est rigoureusement syllabique, mais sur le mot *Wolken* (mes. 12) une échappée ascendante d'une sixte majeure prend appui sur une broderie du fa # pour amener la clausule cadentielle mi-si. Le taux mélismatique (rapport du nombre de notes sur le nombre de syllabes) est égal à 6/2, soit 3, alors que partout ailleurs il est de 1. La voix reprend ici un mélisme de quatre notes (une tierce ascendante par mouvement conjoint suivie d'une tierce descendante par mouvement direct) que l'ensemble de l'orchestre avait amplifié en l'insérant dans un mouvement mélodique descendant. Entre les mesures 10 et 12 le principe de l'analogie fonctionne de la manière suivante : « *le Fils de l'Homme venant sur les nuées du ciel* » / la mélodie venant sur les nuées du ciel (Éditions Bärenreiter).

Dire la Passion selon saint Matthieu, selon Bach

Caïphe est seul quand il disqualifie les paroles de Jésus : « *Il a blasphémé ! Qu'avons-nous encore besoin de témoins ? Voici, vous venez d'entendre son blasphème. Qu'en pensez-vous ?* » L'orchestre reste silencieux. Quelques sons épars du continuo ponctuent seuls son appel, un continuo qui fait lui-même silence, mesure 6, au moment où Caïphe chante le mot *Gotteslästerung* (blasphème) sur l'intervalle de trois tons la-ré #, *diabolus in musica* (Éditions Bärenreiter).

blasphème et renverser l'accusation. Mais il ne peut agir sur l'énoncé. Il lui faut bien rapporter les mots de l'évangile, ce texte selon saint Matthieu qui doit être dit le vendredi saint. Il ne peut faire l'économie des paroles de Caïphe accusant Jésus. Mais s'il ne peut agir sur l'énoncé, il peut conditionner son énonciation, le mettre en abyme pour dénoncer les propos de Caïphe. Substituer en somme à un premier mécanisme de parole, cité, un second qui ait force de loi, ou qui soit reçu comme tel, cela suffit. Marquer le langage pour appuyer sa fonction référentielle.

Effets de dramatisation ? Certes. De solennisation ? Sans doute. Effets de désignation statutaire aussi : le Fils-de-Dieu (car effectivement il l'est, et nous devons croire) et les autres (nous autres ?). Devenant Christ, Jésus ne pouvait plus user d'un parler ordinaire. Bach songe alors au "thème de timbre du quatuor à cordes" (Chailley, 1963 : 8) pour marquer la Parole divine.

L'on parle d'effets. Serait-ce que le bruit des paroles attire davantage que les paroles elles-mêmes ? Comment en douter ? Car l'enjeu n'est plus dans ce qui est dit (ça, l'Assemblée des fidèles le connaît par cœur), mais dans la façon de dire. Ce déplacement de l'énoncé vers l'énonciation entérine une préséance de la jouissance esthétique, champ du possible, sur la participation cultuelle, agir rituel itératif. Non que ces deux grandeurs soient à ce point distinctes. Comment en effet prétendre ériger la perception esthétique en un domaine propre, séparé d'une participation cultuelle qui, nécessairement, la comprend ? Ou comment jouir d'une expérience esthétique sans partager *eo ipso* quelque forme de participation cultuelle ? En permanence ces deux grandeurs sont mêlées dans le travail d'interprétation auquel se livre le fidèle de Saint-Thomas, travail obstiné d'attribution du sens rhétique. En aucun cas nous ne saurions donc recevoir ce partage comme fondé en nature. Les deux grandeurs émargent au débat interprétatif qu'engage l'analyse : elles ne sont distinguables que conceptuellement. Nous les considérerons ici comme deux aspects repérables d'une même réalité : la réalisation vive de cette Passion selon Bach, acte de discours dont les poèmes de Henrici et les chorals du dimanche ne constituent plus dès lors des pièces rapportées. Ils sont partie intégrante de ce dispositif rhétorique qu'est la Passion selon saint Matthieu de Jean-Sébastien Bach. Un dispositif dont l'usage doit permettre de convaincre. Convaincre, et non contraindre. Or, en ménageant dans sa composition des postes d'adresse qui, au moment de l'énonciation, doivent déterminer des conditions de réception de l'énoncé, Bach entend manipuler son auditoire. Mais ne prend-il pas le risque d'en faire trop ?

Le sacrilège d'un culte

Pièce maîtresse de ce dispositif rhétorique : le groupe choral. Tout au long de sa Passion, Bach entretient l'ubiquité du chœur. Ce sont en effet les mêmes chanteurs qui, dans la réalisation vive, chantent à la fois le texte évangélique, où ils sont cette foule qui condamne Jésus à mort, et les chorals, ceux de l'assemblée des fidèles. Quand un chœur de foule intervient, chœur accusateur, il est aussitôt suivi d'un choral que chante le même chœur, devenu rédempteur. Le groupe choral n'est donc pas, dans le projet de Bach, simple figurant, témoin collectif d'une scène qui le dépasserait. Il prend part au drame. Et si du point de vue de la narration il est cette foule, la *turba*, qui met Jésus à mort, du point de vue de la représentation, il devient un partenaire privilégié du compositeur. En jouant de cette ambiguïté, Bach rend compte d'une possible rémission des péchés puisque ce sont alors les mêmes chanteurs qui blasphèment et qui prient. Ce n'est pas tout.

Les interventions de la *turba* sont toutes très brèves. Lorsque Jésus comparaît devant Caïphe, elle intervient à deux reprises : cinq mesures pour réclamer la mort de Jésus (*Er ist des Todes schuldig*), huit mesures pour ironiser après l'avoir frappé (*Weissage uns, Christe, wer ist 's der dich schlug ?*). Interventions très brèves, dont la première dure tout juste 15 secondes, la deuxième à peine plus de 20. Dans ses *Essais sur la musique*, Nicolas Gretry nous incite à comprendre cette brièveté comme l'expression de la colère, qui "doit être courte. (Car) si vous faites durer trop long temps un morceau de fureur, les spectateurs s'habituent et voient sans émotion votre héros se poignarder" (Gretry, 1804 : 311). Mais encore, ces interventions changent de tonalité sans arrêt. Le chœur *Er ist des Todes schuldig*, par exemple, module de sol Majeur à do Majeur puis la mineur, fa Majeur, sol mineur, en cinq mesures (voir page suivante). Le signe de la fureur, nous assure Gretry : "le musicien qui, dans les situations ordinaires, auroit l'habitude d'être sobre en modulations, produirait un grand effet en modulant beaucoup dans un moment de fureur" (id. : 227). Précisons donc que les interventions de la Turba (chœur accusateur) sont traitées en double chœur (huit voix) alors que, dans les chorals, les deux chœurs sont fondus en un seul, à quatre voix, rédempteur. Nous voici au cœur du dispositif rhétorique que Bach met en œuvre.

Caïphe accuse Jésus d'avoir blasphémé ? Il lance son accusation sur un intervalle de quinte diminuée, ce triton condamné comme *diabolus in musica* et proscrit par les traités de musique religieuse

De Jean-Sébastien Bach à Glenn Gould

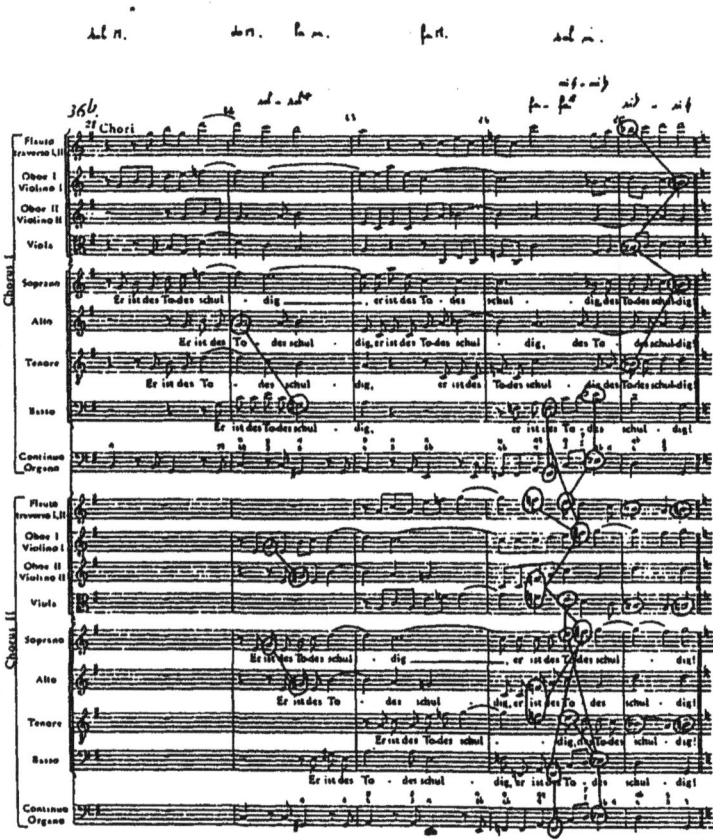

« *Er ist des Todes schuldig.* » Il mérite la mort (Éditions Bärenreiter).

depuis le Moyen Age[25]. Caïphe chante son *diabolus in musica* sur le mot *Gotteslästerung*, blasphème (voir plus haut). La Turba réclame la mort de Jésus ? Les huit voix du chœur se répondent par paquets de dissonances : sol - sol# (mesure 22), fa - fa# et mi - mi*b* (mes. 24), si*b* - si (mes. 25). De fausses relations qui font désordre (page précédente). Réclame-t-elle la libération de Barrabas ? Elle scande son nom de force sur un accord de septième diminuée sans crier garde, alors que les traités précisent que, tout accord de septième étant une dissonance, il doit être préparé[26]. Lorsqu'elle exige enfin que Jésus soit crucifié, elle esquisse une fugue à quatre voix dont le sujet fait entendre une suite de tritons. Ici, les *diabolus in musica* prolifèrent, rythmés par des syncopes et doublés de mouvements chromatiques prohibés. Bach aurait-il oublié les recommandations que lui avait pourtant faites, en 1706 déjà, le Consistoire d'Arnstadt ? "Nos, lui avait-il été stipulé après comparution devant les autorités religieuses, lui reproche d'avoir ces derniers temps introduit dans l'accompagnement du choral nombre de *variationes* surprenantes, d'avoir entrecoupé les mélodies de sons étrangers, et d'avoir ainsi troublé la communauté des fidèles. Si à l'avenir, il veut introduire un *tonum peregrinum*, il lui faudra poursuivre sur ce même ton, et ne pas passer rapidement à un autre, ni, comme il l'a fait ces derniers temps, aller jusqu'à proposer un *tonum contrarium*" (BD II, 16, in Basso, 1984 : 261-262).

Le Consistoire attendait de Bach qu'il harmonise des chorals, non qu'il en fasse œuvre personnelle. Le Cantor devait se contenter d'accompagner la mélodie au moyen des règles conventionnelles de l'harmonie. Conventionnelles, c'est-à-dire telles qu'elles étaient pensées par les autorités religieuses. En annexant la mélodie de choral, modale dans la forme qu'elle recouvrait au XVIe siècle, à une syntaxe tonale, dont les règles étaient parfaitement maîtrisées par l'Eglise, Bach devait ajuster une croyance éternelle (l'archaïque

---

[25] Dès les débuts de la polyphonie médiévale en effet, cet intervalle de trois tons a préoccupé les théoriciens de la musique. Intrigués par sa position intermédiaire entre les intervalles naturels de quarte (2 tons et 1/2 ton) et de quinte (3 tons et 1/2 ton) justes, ils l'ont très tôt soupçonné d'être un *diabolus in musica*. C'est ainsi que l'hagiographe et musicien Hucbald de Saint Amand (840-v. 930) le baptise dans son *De Harmonica Institutione*.

[26] Et encore, "il ne suffit pas de faire entendre la dissonance, précise par exemple Rousseau dans l'article dissonance de l'Encyclopédie, il faut la résoudre; vous ne choquez d'abord l'oreille, que pour la flater ensuite plus agréablement". Bach ne résoud pas l'accord de 7e diminuée qui scande "Barrabas".

du choral modal) à une pratique cultuelle (l'actualité d'une harmonie tonale). La syntaxe musicale devenait alors cet outil qui, en même temps qu'il autorisait ce transfert dans le vécu d'une communauté, désignait celui qui en était maître, le Consistoire, comme siège de l'autorité morale et du pouvoir social. En introduisant dans cette syntaxe nombre de variations surprenantes, Bach mettait en cause la pertinence de l'outil et, par suite, l'autorité même du Consistoire. C'est alors que ce dernier s'autorisa à se sentir troublé au nom de la communauté des fidèles. Et il disqualifia les modulations du Cantor en le rappelant à l'ordre maîtrisé d'une éthique du langage musical.

L'on comprend qu'en systématisant de tels procédés dans sa Passion de 1729, Bach opère un véritable sacrilège du culte ce vendredi 15 avril. Et dans son Histoire des cérémonies religieuses de Saxe (1732), Christian Gerber évoque le drame de cette dame en état de choc qui brusquement quitte l'église Saint Thomas en s'écriant : "*Behüte Gott ihr Kinder ! Ist es doch, als ob man in einer Opera oder Comödie wäre*", Préserve, Seigneur, tes enfants, c'est comme si nous étions dans un opéra ou une comédie (Gerber, 1732 : 284).

Au risque de l'énonciation

Un opéra ? Serait-ce que l'expérience esthétique convoquée par Bach à l'appui de la profération rituelle se superpose à l'activité cultuelle au point de la masquer ? Ici, le fidèle ne peut plus adopter cette attitude ascétique habituellement requise. Le dispositif d'évaluation mis en place dans l'activité rituelle se modifie. Le silence de la prière ne préside pas à la communion avec la pensée ecclésiastique : c'est désormais dans l'espace acoustique d'un oratorio que le fidèle exerce son activité de jugement, c'est dans la réalisation vive de la passion de Bach qu'il doit comprendre le changement d'attribution de la parole blasphématoire. Mais l'expérience esthétique déstabilise l'activité de jugement.

Politique par excellence, l'art oratoire permet de persuader. Au service du culte, Bach en use pour nourrir une stratégie de la persuasion. L'attitude esthétique du fidèle doit permettre d'amplifier la puissance suggestive du drame, rendre plus efficace son appel conatif à suivre l'exemple. Or, le fidèle ne se trouve pas face à l'œuvre : il la construit dans l'espace de l'interlocution. Il est bien sujet, à la fois auteur et témoin. La conjonction fonde son ambivalence.

Dans la réalisation vive de la Passion, le fidèle devient ce héros, Jésus, qui souffre, qui meurt, et qui sait qu'il ressuscitera le surlendemain. A la manière du drame du martyr dans le *Trauespiel* baroque[27], l'émotion tragique doit ici provoquer le sentiment d'une libération intérieure de chaque fidèle. Mais empathie n'est pas identification. Et s'il sait procurer sens à l'énoncé en se mettant à la place de Jésus (c'est son rôle d'auteur), il sait également exercer toutes ses facultés judiciaires à l'égard d'un procès d'énonciation dont il devient simultanément témoin. D'où son ubiquité. Acteur d'un culte, auteur d'un drame qu'il peut ériger en œuvre d'art, le fidèle devient en même temps témoin, "conscience qui s'autorise à exercer le pouvoir de juger" (Starobinski, 1989 : 63). Et voici Bach en posture d'accusé.

En annexant l'expérience esthétique à son dispositif rhétorique (fondement même de l'activité du compositeur), Bach entend induire une proximité, cette connivence d'un partenariat propre à façonner une attitude commune à l'assemblée des fidèles, une idiosyncrasie dont on attend qu'elle se manifeste par une adhésion sans faille au dogme. Mais en tant qu'instance critique, la perception esthétique vient troubler l'activité première de jugement moral. L'élément du désir déstabilise l'adhésion au dogme.

Entre une orthodoxie qui encourage l'utilisation de procédés empruntés à l'opéra afin de glorifier Dieu par l'œuvre d'art, et un piétisme qui revendique l'Union mystique de l'âme et de Dieu par une souffrance partagée dans l'austérité, Bach opère un compromis inédit, suggérant des normes dont la définition même doit être précisée par l'adhésion d'autrui. Or par le biais d'occurrences réitérées, un regard rétrospectif avait érigé une mémoire de la profération rituelle en tradition. Des effets créateurs de normes avaient œuvré à l'émancipation d'un jugement consensuel. Mais, alors que les fidèles de Saint-Thomas attendaient de Bach qu'il instruise un rapport de dérivation entre sa passion oratoire et cette tradition, le voici qui opère une rupture par déviation.

"Sacrilège !", s'écrie-t-on alors. Et ce qui devait être un instrument du culte du vendredi saint devient une parodie ludique outrageante : un opéra. L'on comprend dès lors l'accueil très réservé que les fidèles de Saint-Thomas firent à cette Passion de plus de trois heures, composée par un Cantor qui s'était pourtant

---

[27] Cf. l'ouvrage de Walter Benjamin traduit en français en 1985.

engagé par contrat[28] "à maintenir le bon ordre dans l'église en faisant en sorte que ses musiques ne durent pas trop longtemps" (BD I, 92 in Basso, 1984 : 576). Repris par Bach en 1736, puis vers 1744 l'oratorio sera voué à un silence d'un siècle, jusqu'à ce que Félix Mendelssohn (1809-1847) le donne à entendre de nouveau, le mercredi 11 mars 1829 à Berlin.

Sans doute Mendelssohn entendait-il montrer qu'un siècle après le vendredi saint de la *Tomaskirsche* cette Passion selon saint Matthieu n'était plus sacrilège. Il a alors annexé la partition de Bach à l'horizon d'attente d'une esthétique romantique : concert d'un mercredi après-midi, à 18 heures, devant un millier de spectateurs rassemblés dans la salle de la *Singakademie* de Berlin construite deux ans plus tôt. Si l'on ne connaît pas avec précision les effectifs de l'orchestre que dirigea Mendelssohn, on sait par contre que le chœur comprenait 47 sopranos, 36 altos, 34 ténors, 41 basses, soit un total de 158 chanteurs, auxquels s'ajoutaient 7 solistes. Nous étions bien loin des 57 musiciens (instrumentistes et chanteurs) que Bach était difficilement parvenu à rassembler un siècle auparavant.

Le 21 mars 1829, Mendelssohn dirige une deuxième interprétation de la Passion. Le vendredi saint, 17 avril, c'est son maître, Karl Friedrich Zelter (1758-1832) qui la donne à entendre. Elle sera ensuite reprise à Francfort puis à Breslau l'année suivante, à Stettin en 1831, Königsberg et Kassel en 1832, Dresde en 1833. En 1849, William Sterndale Benett (1816-1875) fonde à Londres la *Bach Society* et dirige lui-même, le 6 avril 1854, la première audition anglaise de la Passion selon saint Matthieu. A Paris, ce n'est qu'en 1874 que Charles Lamoureux (1834-1899) dirige sa première audition intégrale[29]. Au concert, la passion devient oratorio, et l'intérêt se déplace du récitatif vers l'aria, du récit évangélique vers le commentaire poétique, du cultuel vers l'esthétique. A la limite, le texte n'importe guère. Le système musical est seul contraignant.

Ainsi la présentation de la Passion de Bach qu'il publie le 29 mars 1874 dans la *Revue et gazette musicale de Paris*, permet à Charles Bannelier d'expliquer que "si l'on veut bien faire abstraction de certaines formes d'écriture, où le temps a laissé son

---

[28] Article 7 du contrat passé avec le Conseil de Leipzig en mai 1723.
[29] Jules Étienne Pasdeloup (1819-1887) avait déjà proposé au Panthéon en 1868 une audition partielle de la Passion selon saint Matthieu qui comprenait la première partie et le chœur final (cf Bannelier, 1874).

empreinte, de vocalises qu'on peut, sans manque de respect au génie de Bach, trouver intempestives, de quelques ornements vocaux peu justifiés, mais imposés pour ainsi dire par le goût de l'époque, on ne trouvera plus qu'à admirer" (Bannelier, 1874 : 100). Et Bannelier de louer la "beauté achevée" des arias et des chœurs, tout en sachant gré à Bach d'avoir, par le biais des chorals, "introduit l'élément populaire dans la Passion" (id.).

A l'opposé, le récit évangélique. Bien qu'il "exige un ténor doué d'un organe solide, montant facilement", le récitatif ne présente cependant "rien de particulièrement remarquable" (ibid.). C'est qu'ici l'élément du désir vient troubler le procès d'édification morale : la jouissance esthétique est bien désormais enjeu unique de l'énonciation. Tout académisme travaille cependant à généraliser des procédures normatives. L'espace sonore d'une esthétique romantique devient alors le parangon de cette renaissance de la Passion selon saint Matthieu, et l'on interprète Bach comme on interprète Brahms ou Mahler.

A l'aube des années 1970 cependant, des musicologues et des musiciens ont proposé une esthétique autre. Les recherches historiques effectuées dans le domaine musicologique et l'obstination des facteurs d'instruments ont incité les interprètes à jouer sur des instruments ou des copies d'instruments que Bach aurait pu connaître : cordes en boyau, archets plus courbes, perces différentes. Ils ont alors fait sonner ces instruments dont Bannelier se plaignait en 1874 qu'ils étaient "introuvables ou inusités" (id. : 100) : le hautbois d'amour, le hautbois de chasse (oboe da caccia), la viole de gambe. La voix de haute-contre remplaçait l'alto féminine, et les interprétations des Nikolaus Harnoncourt, Gustav Leonhart, Tom Koopman ou William Christie proposaient une dynamique, un phrasé, une orientation agogique jamais entendue par les auditeurs auxquels ils s'adressaient. En fait, sous couvert d'un pèlerinage aux sources de la musique ancienne, ceux que l'on appelle parfois encore (non sans péjoration) les baroqueux expérimentaient une esthétique résolument nouvelle. Et les tenants d'une tradition romantique héritée de Mendelssohn crièrent au blasphème.

Le 17 septembre 1985, la Chapelle Royale interprétait à Paris, salle Pleyel, la Passion selon saint Matthieu de Bach sous la direction de Philippe Herreweghe. Après un aria d'alto chanté par le haute-contre René Jacobs, un auditeur se lève brusquement et quitte la salle en s'écriant : "C'est un massacre !"

Le fait que l'expérience esthétique ait progressivement fait écran à la participation cultuelle n'a donc en rien évacué la question du blasphème. Le processus vicariant n'a fait que déplacer le cadre dans lequel l'auditeur exerce sa faculté judiciaire. Si le récit évangélique selon saint Matthieu ne capte l'attention que d'une mince partie de l'auditoire, en revanche la réalisation vive de l'oratorio intéresse chacun. Elle l'intéresse car, en matière de jouissance esthétique, chacun sait se forger, par convention ou par conviction, un dispositif d'évaluation dont il est prêt à user pour disqualifier en blasphème la parole de l'autre. Dès lors que la Passion selon saint Matthieu de J.-S. Bach ne saurait exister en dehors de sa réalisation vive, nous n'avons cependant d'autre issue que de prendre le parti de son énonciation. En courant, *ad vitam aeternam*, le risque de la dénonciation.

Références bibliographiques

AUDBOURG-POPIN, M.-D.
1984 "Eléments d'une sémiotique rationnelle du discours musical. Bach prédicateur", *Revue de Musicologie*, 70, 1 : 86-94.

Bach Dokumente. Herausgegeben vom Bach-Archiv Leipzig (3 Bände). Kassel : Bärenreiter, 1963.

BANNELIER, Ch.
1874 "La Passion selon saint Matthieu, de J.-S. Bach", *Revue et gazette musicale de Paris*, 13 : 98-101.

BASSO, A.
1984 *Jean-Sébastien Bach*, 1. Paris : Fayard (trad. de l'éd. ital. de 1979).
1985 *Jean-Sébastien Bach*, 2. Paris : Fayard (trad. de l'éd. ital. de 1983)

BOLTANSKI, L., DARRE, Y., SCHILTZ, M.-A.
1984 "La dénonciation", *Actes de la Recherche en Sciences Sociales*, 52 : 3-40.

BENJAMIN, W.
1985 *Origine du drame baroque allemand*. Paris : Flammarion (trad. de l'éd. all. de 1974).

CANDE, R. de
1986 *Jean-Sébastien Bach*. Paris : Ed. du Seuil.

CERQUIGLINI, B.
1989 *Eloge de la variante. Histoire critique de la philologie*. Paris : Ed. du Seuil.

CHAILLEY, J.
1963 *Les Passions de J.-S. Bach*. Paris : P.U.F.

CHEYRONNAUD, J.
1990 "Dieu fait des manières. Musique d'appareil et d'apparat", *Cahiers de musiques traditionnelles*, 3 : 23-33.

CLARY, S. Mc.
1987 "The blasphemy of talking politics during Bach Year", in Leppert, R., Clary, S. Mc., *Music and Society. The politics of composition, performance and reception*. Cambridge University Press.

CORBIN, S.
1960 *L'Eglise à la conquête de sa musique*. Paris : Gallimard.

DUFOURT, H.
1991 *Musique, pouvoir, écriture*. Paris : Christian Bourgois éd.

DUMARSAIS
1988 *Des Tropes ou des différents sens*. Paris : Flammarion (réed. de l'éd. de 1730).

GADAMER, H. G.
1991 *L'Art de comprendre. Ecrits II. Herméneutique et champ de l'expérience humaine*. Paris : Aubier.

GECK, M.
1967 *Die Wiederentdeckung der Matthäuspassion im 19. Jahrhundert*. Regensburg : Gustav Bosse Verlag.

GRETRY, N.
1804 *Essais sur la musique*.

HARNONCOURT, N.
1984 *Le Discours musical. Pour une nouvelle conception de la musique*. Paris : Gallimard (trad. de l'éd. all. de 1982).

JAUSS, H. R.
1978 *Pour une Esthétique de la réception*. Paris : Gallimard (trad. de l'éd. all. de 1972).

KINTZLER, C.
1986 "Essai de définition du récitatif. La chaînon manquant", *Recherches XXIV* : 128-141.

NEUMANN, W., SCHULZE, H. J.
1976 *Les Ecrits de Jean-Sébastien Bach (traduction française et notes critiques par Simone Wallon et Edith Weber)*. Paris : Ed. Entente.

ROUSSEAU, J.-J.
[1990] *Essai sur l'origine des langues. Texte établi et présenté par Jean Starobinski*. Paris : Gallimard.

STAROBINSKI, J.
1989 *Le Remède dans le mal. Critique et légitimation de l'artifice à l'âge des Lumières*. Paris : Gallimard.

TARUSKIN, R.
1991 "L'ancienneté du présent et la présence du passé", *Inharmoniques*, 7 : 69-102.

CHAPITRE 2

Gould dans Bach,
un service public de l'émotion musicale

"Lorsqu'on aboutit à cette extraordinaire signature de Bach (et Bach va mourir, et la fugue rester inachevée), j'ai vu Glenn Gould dans un état absolument second : il était dans un autre monde, d'extase véritablement éprouvée, à un point que j'avais jamais vu avec lui. J'étais extraordinairement ému."

Bruno Monsaingeon, *Arte*, 15 novembre 1992

"Le problème, aujourd'hui, c'est que le discours sur Gould prend le pas sur Gould lui-même". Dans *Le Monde* des 14 et 15 novembre 1993, Alain Lompech commente le programme que la chaîne de télévision Arte diffusera le 17 : une soirée thématique consacrée au pianiste canadien Glenn Gould, décédé en 1982. C'est l'occasion pour lui d'interroger cette "gouldomanie ambiante" qui conduit une chaîne voulant trop bien faire à surcharger sa programmation. Pourquoi présenter à la fois les *Trente-deux films brefs sur Glenn Gould* du cinéaste québécois François Girard (1993) et le documentaire "aussi célèbre que bon" de Bruno Monsaingeon sur les trente-deux *Variations Goldberg* de Jean-Sébastien Bach par Gould (1981) ? Pour le critique, la redondance confine à la saturation, d'autant que la "conjonction obligatoire Gould-Monsaingeon agace au moins autant que la fausse bonne idée qui consiste à diffuser les "vraies" Goldberg après le film de Girard". Après l'œuvre pionnière de Monsaingeon dans les années soixante-dix, Gould devrait-il aujourd'hui changer de porte-parole ? A. Lompech n'est pas loin de le suggérer : "l'avantage de Girard sur les littérateurs est qu'il montre Gould." Où point le paradoxe.

N'est-ce pas en effet ériger le réalisateur au rang d'exégète que d'exiger de lui qu'il montre Gould ? N'est-ce pas exiger de lui qu'il produise des "discours sur" Gould, de ces discours qui opacifieraient "Gould lui-même" ? On n'échappe pas au risque du montage allégorique. Le critique attend d'une chaîne de télévision qu'elle fixe les conditions d'une appréciation normative : le pianiste montré se doit d'être ce Glenn Gould dont le critique sait par avance ce qu'il doit être. L'offre de la chaîne Arte doit combler une attente esthétique née d'une familiarité acquise avec le piano, ce pianiste, ses écrits, ses exégètes : un monde de la musique. Dans l'article, rien n'est dit des réalisations pianistiques de l'interprète. Elles demeurent un implicite : ce qui compte, c'est Glenn Gould. Le nom Glenn Gould s'apparente ici à l'administration d'un programme de vérités auquel on accède par exégèse allégorique.

Car c'est bien elle, l'exégèse allégorique, qui permet à Girard de nous faire "comprendre par l'oeil ce que l'oreille écoute, mais que le cerveau n'entend pas toujours". Elle prend pour cela appui sur une reconnaissance préalable de la compétence de l'exégète par le téléspectateur, une compétence technique (premier violon d'un quatuor interprétant l'opus 1 de Gould, Monsaingeon sait de quoi il parle quand il s'entretient de musique avec lui), mais aussi une compétence socialement reconnue (son discours fait autorité, ses émissions sont instituées en référence). C'est là que le critique intervient, évaluant la compétence de l'exégète et décernant des *satisfecit*. Ici, Alain Lompech renvoie les films de Monsaingeon au rang des émissions historiques et marque sa préférence pour Girard. Le programme exégétique et le discours d'invective seraient-ils les deux seuls modes de gestion possibles de Gould lui-même[1] ?

---

[1] L'idée d'un travail sur "Glenn Gould" est née de mes conversations avec Jeanne Favret-Saada, que je souhaite ici remercier. Cet article est en effet la version considérablement augmentée d'un exposé présenté le 9 février 1994 à son séminaire de l'Ecole Pratique des Hautes Etudes, à Paris. Il est en même temps la version considérablement diminuée d'un manuscrit qu'elle m'a incité à travailler jusqu'à me déprendre, le temps d'un article, de l'emprise émotionnelle de Gould. Ainsi l'ethnologue aura-t-il été amené à définir sa place dans ce procès musical.

Mystère Gould

Cherchant à mettre en questions l'émotion musicale à partir du cas Glenn Gould, nous avons rencontré une inflation de "discours sur", une pléthore de documents (biographies, romans, entretiens, émissions télévisées, articles de presse) édités à propos du pianiste canadien, un grand nombre d'exégètes, chacun se sachant sûr de son Gould, chacun s'éprouvant dépositaire de Gould "en lui-même" et dès lors chargé d'un devoir de parole, chacun cherchant à promouvoir la transparence de son propre témoignage en fustigeant ces trop nombreux discours, ceux des autres, qui opacifient Gould, masquent ce qui doit demeurer une révélation. N'est-ce pas en effet le propre de l'exégète que de se savoir en prise sur une révélation, et de se faire obligation de la dire ? C'est bien là l'un des aspects récurrents de ce dossier : un culte de l'immanence invariablement s'accompagne d'une occultation des mécanismes de gestion de cette croyance.

Ainsi se plaît-on à contempler Gould par Girard, Gould tel qu'en lui-même (c'est-à-dire tel que le critique aime à le concevoir), dans cette image, première, "inoubliable : sur une plage déserte, balayée par le vent et la neige, un homme s'avance, de loin, vers la caméra. Sa place dans le champ le montre solitaire; sa démarche le révèle vulnérable, déterminé" (A. Lompech). Cette image sera la dernière aussi. Comme les trente-deux *Variations Goldberg* s'achèvent par une réitération du thème, les *Trente-deux films* de Girard prennent fin sur une reprise de l'image d'incipit, image de solitude, et pourtant montrée. Car l'on sait bien que la caméra est là qui montre Gould. Mais, en même temps, on l'oublie. On accède à Glenn Gould par le cadreur comme on accède à Bach par Glenn Gould. Mais on oublie la caméra au moment où s'efface la conscience que l'on a du dispositif discursif, c'est-à-dire au moment où fonctionne l'empathie. De même s'effacent Glenn Gould et son piano au moment où l'on s'éprouve en communion avec La Musique. C'est alors, au moment où disparaît notre perception du dispositif médiatique, qu'Alain Lompech peut voir les films de François Girard comme un "hommage au contrepoint, au rythme, à la mélodie". L'éloge inaugure le mythe. Glenn Gould s'effaçant, l'hommage est à La Musique.

Car c'est bien ainsi que l'on aime Glenn Gould. Solitaire, séparé, ayant délibérément opté pour cet ailleurs d'un Grand Nord, au contact de La Nature, en communication avec La Musique, chantre d'une "incorrigible émotion", comme aime à le répéter le pianiste

Michel Dalberto (*Le Monde de la Musique*, février 1988), mystique. Après une carrière de concertiste, Glenn Gould en 1964 renonce. Agé de trente-deux ans, il quitte la scène, se retire à Toronto. L'été, il retourne sur les rives du lac Simcoe de son enfance. Une vie d'ascète, qui le conduira dans le *High Fidelity Magazine* de juin 1970 à s'autoproclamer "ermite le plus expérimenté de son pays" (Gould, 1985 : 189). Il travaille son piano, peu, voyage en des régions polaires, enregistre des disques, la nuit, dans les studio de CBS : Bach, Gibbons, Berg, Webern. Il lui arrive, souvent, d'écrire dans des revues spécialisées, de préparer ses émissions de télévision, de réaliser des émissions radiophoniques : Gould en prise médiatique. Ses exégètes prolifèrent. Ils le disent volontiers insomniaque, anorexique, génial. Un mystère Gould prend corps.

Les émissions de télévision le montrent sur un plateau jouant du piano avec des mitaines, assis sur une chaise percée, trop basse, position intenable pour la plupart des pianistes, le visage au ras du clavier, inspectant l'articulation digitale, dessinant des courbes mélodiques dans l'air de la main gauche quand la droite joue seule, geignant dans ses enregistrements, et multipliant les prises : Glenn Gould "dans un autre monde, d'extase véritablement éprouvée" (B. Monsaingeon). Les *Variations Goldberg* de Bach qu'il enregistre en 1955 défraient la chronique : le plus grand succès commercial jamais réussi par un pianiste. Au moment de sa disparition en 1982, les hommages se multiplient. À Paris, la salle Pleyel diffuse l'ensemble des films réalisés par Bruno Monsaingeon : une Grand Messe. À Ottawa, la Bibliothèque nationale du Canada ouvre un Fonds Glenn Gould, désormais accessible au chercheur. Sa notoriété stimule la création d'une fondation à sa mémoire. En 1987, les départements de philosophie de l'Université de Montréal et de l'Université du Québec organisent un colloque Gould. Une vaste entreprise de communication s'émancipe alors : un service public de l'émotion musicale.

Ce sont les dispositifs d'adresse mis en œuvre pour susciter une implication émotionnelle du téléspectateur ou de l'auditeur, qui retiendront ici notre attention. Comment une interprétation des compositions de Bach (que notre culture nous enseigne à considérer comme une musique pure, c'est-à-dire éloignée de toute emprise émotionnelle) par Glenn Gould, avec ce mélange d'ingénuité et de maîtrise technique, de souffrance et de facilité, produit chez l'auditeur de l'émotion ? Et comment cette idée qui le fait aujourd'hui considérer comme le représentant de Bach parmi nous s'est-elle forgée ? Référons-nous tout d'abord au modèle.

Le Père Bach ...

Tel apparaît Bach dans les huit portraits[2] que nous connaissons de lui, "intimidant, volontaire, irritable, méfiant" (de Candé, 1984 : 254). Le portrait que réalisa en 1746 Elias Gottlieb Haussmann, peintre de la Cour de Saxe et de la Ville de Leipzig, est sans doute le plus célèbre d'entre eux. Il représente Bach en perruque, visage adipeux, regard sombre, asymétrique, paupières lourdes à blépharite, sourcils froncés, bouche charnue et double menton : Bach à 61 ans, Bach en Père.

Le portrait ne nous dirait rien cependant s'il n'était précédé de sa réputation. Une réputation notamment prise en charge par l'institution musicale, ses dispositifs d'inculcation privilégiés et l'authentification académique qui en résulte. Là, le nom de Bach est omniprésent, ses compositions sont de tous les apprentissages. On travaille ses *Suites* en classe de clavecin, ses *Chorals variés* en classe d'orgue, son *Clavier bien tempéré* au piano, ses *Partitas* au violon, ses *Suites* au violoncelle. Les élèves de Formation musicale s'exercent à la lecture verticale de ses *Chorals*, les jeunes chanteurs se forment au couple récitatif-aria sur ses *Passions*, les ensembles vocaux travaillent ses *Cantates*, les orchestres d'élèves ses *Suites*. En histoire de la musique Bach devient la pierre angulaire de l'édifice musicologique, ce repère qui permet de décider d'un avant et d'un après. Et chaque étudiant peut consulter les deux volumes de l'Encyclopédie de la Pléiade sur la musique : Tome 1, Des Origines à Jean-Sébastien Bach; Tome 2, Du XVIIIe siècle à nos jours. En classe d'analyse, l'on s'efforce de décrypter *l'Art de la fugue*. En classe d'harmonie, en classe de fugue, on enseigne à composer "dans le style de" Bach, et les étudiants en contrepoint assurent communément composer des chorals de Bach (comprendre : harmoniser des mélodies de choral à la manière de Bach). L'exercice est d'ailleurs au programme de la plupart des concours de recrutement des professeurs de conservatoire. Les compositions de Bach sont ici instituées en référence. On en fait ce modèle dont l'imitation doit permettre à l'étudiant d'entrer en composition, au musicien d'entrer en enseignement : le B-A-BA d'une combinatoire des sons.

Ce vaste mouvement instituant Bach en point origine de l'art compositionnel aurait-il pris naissance le mercredi 11 mars 1829 ?

---

[2] Sur les huit portraits de Jean-Sébastien Bach aujourd'hui certifiés authentiques, cf. sur ce point par exemple de Candé, 1984 : 247-254.

Ce jour-là à Berlin, Felix Mendelssohn dirigeait la *Passion selon saint Matthieu*, pour la première fois depuis sa création par Bach à Leipzig un siècle plus tôt. Ce concert marquerait le début d'une vaste entreprise d'exhumation. Charles Lamoureux dirige à son tour la première audition parisienne de cette Passion en 1874. Dès 1888, Julien Tiersot en propose des analyses dans la revue musicale *Le Ménestrel*. À sa création en 1896, la Schola Cantorum devient la première institution à enseigner l'œuvre de Bach, et dans un Cours de composition musicale (1900-1933) empreint de mysticisme, Vincent d'Indy façonne la figure patriarcale du Cantor de Leipzig : l'invention d'une référence. On compulse désormais les travaux de Forkel, qui fut en 1802 le premier biographe de Bach[3]. On s'efforce de recenser les documents disponibles sur le Cantor. Et les exégèses se multiplient[4]. Albert Schweitzer en 1905 s'intéresse au *Musicien poète*. En 1907, André Pirro porte attention à *l'Esthétique de Jean-Sébastien Bach*. Le projet de ces pionniers ? "Expliquer Bach, et nous diriger, s'il se peut, jusqu'à sa pensée" (Pirro, 1907 : 9) : une démarche herméneutique. Par l'analyse des compositions de Bach, par la recension des aléas de sa vie privée, le musicologue nous prend en charge sur ce seuil qu'il fréquente d'expérience et où la supériorité de compétence qui lui est prêtée prend force d'évidence. Il est ce guide qui saura nous conduire dans les arcanes de la vie et l'œuvre (ainsi sont construites les biographies) pour nous mener "jusqu'à l'inspiration du

---

[3] Johann-Nikolaus Forkel, *Vie de Johann-Sebastian Bach*. Paris: Flammarion, 1981 pour la traduction française.

[4] On repère ainsi, parmi les ouvrages publiés sur Bach en langue française, à côté des ouvrages déjà cités d'Albert Schweitzer et d'André Pirro, le *Jean-Sébastien Bach* de Théodore Gérold (1925), celui de Robert Pitrou (1941), celui de Luc-André Marcel (1961), de Jean Gallois (1961), d'Edmond Buchet (1968), d'Olivier Alain (1970), de Roland de Candé (1984), d'Umberto Basso (1984). L'on rencontre encore un Marcel Pfender voyant en 1943 *Jean-Sébastien Bach, chantre de Dieu*, et Boris de Schloezer éditant en 1947 son *Introduction à Jean-Sébastien Bach*. Les émissions radiophoniques de Carl de Nys sont éditées en 1957 sous le titre *Cantates à Saint Thomas*, et Karl Geiringer présente *Bach et sa famille* en 1979, alors que Philippe Charru et Christoph Theobald cherchent en 1993 à pénétrer *La Pensée musicale de Jean-Sébastien Bach*. Citons encore les travaux de Norbert Dufourcq: *Jean-Sébastien Bach, génie allemand? génie latin?* (1947) puis *Jean-Sébastien Bach, le maître de l'orgue* et *La Messe en si mineur* (1948). Enfin, l'on ne saurait faire l'économie d'une lecture minutieuse de Jacques Chailley interrogeant tour à tour *Les Passions* (1963), *L'Art de la fugue* (1970) et *Les Chorals pour orgue* (1974), et d'Amy Dommel-Diény pour ses précieuses analyses musicales *"Pardon, Bach..."* (1982).

compositeur" (id. : 8). Atteindre l'inspiration du compositeur, c'est accéder à cette région improbable où le compositeur reçoit son inspiration, ce lieu innommable où il rencontre cette beauté pure qu'il aura à charge de transmettre. Ainsi Norbert Dufourcq propose-t-il en 1947 de gravir avec Bach "un à un les degrés de cette échelle symbolique qui le devait mener au contact de la beauté pure" (Dufourcq, 1948: 10). La beauté pure? "Dieu, la beauté pure, le Créateur suprême" (id. : 232). Une mystique de l'œuvre gère les compositions du *Kappelmeister*. Dans l'hommage du musicologue, Bach est ce compositeur s'efforçant de "tendre toujours vers la perfection de la forme, le dépouillement de l'écriture, la rigueur du style" (ibid.). Comment s'étonner de ce que son œuvre soit exemplifiée dès lors qu'il s'agit de juguler une émotion musicale ?

Contre les excès du romantisme, contre les ornements superflus, les digressions frivoles, chacun prône un retour à Bach. Au nom d'une esthétique du dépouillement qu'il s'efforce de promouvoir dans le premier quart du siècle, Jean Cocteau brandit Eric Satie contre les exubérances wagnériennes. Au nom d'un retour à la "musique pure", Bela Bartok, Paul Hindemith ou Albert Roussel (qui fut avec Éric Satie élève de Vincent d'Indy à la Schola Cantorum) affichent une démarche similaire. Au nom de la cohérence formelle, et de la concision, Arnold Schœnberg prône, lui aussi, un retour à Bach. Et il construit sa théorie sérielle au moyen de renversements, de rétrogrades, de renversements de rétrogrades : un vocabulaire dont l'on use pour analyser les fugues de Bach[5]. Il est soutenu dans sa démarche par ses partenaires de l'École de Vienne qui n'hésitent pas à composer un choral varié (Berg, *Concerto pour violon et orchestre*) ou un quatuor sur le nom de B-A-C-H (Webern, *Quatuor*). Par-delà les divergences affichées, au-delà d'âpres polémiques, les tenants d'une esthétique de reconstitution - ceux que Pierre Boulez qualifiera de "nécrophores qui se sont servis de Bach comme caution de leur activité de fossoyeurs" (Boulez, 1966 : 24) - et les partisans d'une théorie évolutionniste - ceux de l'Ecole sérielle - sont unanimes à convoquer Bach en référence. Chacun lègue son Bach, et par ailleurs dispute, mais le nom de Bach fait consensus : il est cette référence obligée des compositeurs du siècle, ce socle commun d'une culture partagée. Eloge de la simplicité, de la pureté, de

---

[5] L'on se reportera volontiers ici aux remarques téléologiques du chef d'orchestre Hermann Scherchen étudiant en 1963 *L'Art de la fugue* comme *une ouverture sur la musique de Schoenberg.*

l'essentiel: dans ses compositions, pas une note n'est en trop. Il est le garant d'une musique pure. Et la déférence portée à Bach tient de la dévotion. Sur le mode de la contrition, Jacques Drillon le décrit en Père religieux :

> "Semaine après semaine, il compose sa cantate. À ouvrir aux ouailles de Saint-Thomas de Leipzig les portes du Paradis, il gagne le sien. Il tient l'orgue, transcrit des chorals, compose des préludes et fugues, des fantaisies, des variations, des toccatas; d'une certaine manière il prêche pour le Très-Haut. Il est son interprète. Il comble, mesure après mesure, choeur après choeur, aria après aria, le fossé vertigineux qui sépare les hommes de Dieu en leur donnant, selon le mot de Nietzsche, 'l'impression d'être présents au moment où Dieu créa le monde'. Quoi qu'il en soit, la foi de Bach lui aura donné la force de quêter la perfection, de la traquer dans les endroits les plus reculés, et à nous l'occasion d'être vertement, et régulièrement, morigénés pour notre paresse, notre lâcheté, et pour l'étroitesse de notre imagination" (*Le Monde de la Musique*, décembre 1982).

L'on ne saurait cependant croire en Bach sans avoir accès à son œuvre. Le travail d'édition se doit de conférer pleine publicité aux travaux du maître. Dès 1850, à l'occasion du centenaire de sa mort, la *Bach Gesellschaft* entreprend d'éditer à Leipzig l'ensemble des manuscrits disponibles. En 1900, une première révision de cette entreprise pionnière prend pour nom *Neue Bach Gesellschaft*. On examine les autographes, on compare les versions divergentes : on scrute la signature pour établir l'œuvre en son singulier. Mais la quête philologique bientôt devient bicéphale. Deux instituts sont créés, l'un à l'ouest (*J.-S. Bach Institut* de Göttingen), l'autre à l'est (*Bach-Archiv* de Leipzig). En 1950 cependant, les deux instituts travaillent de concert à la *Neue Bach Ausgabe*, qui publie l'*Urtext*, le texte d'origine. Une première dans l'édition musicale. Aucun phrasé, aucun doigté, aucun tempo : rien n'est ici suggéré de l'interprétation. Cela suffit à nous persuader de ce que l'absence d'artifice de cette partition révèle l'essentiel. Et voilà que l'édition à son tour administre cette croyance en une "musique pure", celle de Bach. La Messe en si est le premier numéro inscrit au catalogue de la *Neue Bach Ausgabe*, nous sommes en 1955.

Les partitions étant disponibles désormais, chacun joue son Bach. À Paris, en 1933 déjà, Wanda Landowska avait interprété au clavecin les *Variations Goldberg*. À Berlin, un professeur du Conservatoire qui n'était autre que Claudio Arrau jouait en 1935 l'intégrale de l'œuvre pour clavier de Jean-Sébastien Bach en douze concerts. En 1953, c'est au claveciniste Gustav Leonhart d'enregistrer à Vienne les *Variations Goldberg*. Agé de vingt-trois ans, Glenn Gould annexe à son tour ces *Variations* au répertoire pianistique. Il enregistre sa version à Toronto en 1955 : un succès fulgurant, jamais démenti depuis, un succès décisif qui fait de lui désormais Le représentant de Bach parmi nous. Car l'on peut concevoir, avec Jacques Drillon que "Le Père est virtuose, le Père est séduisant, le Père est travailleur, Le Père est émouvant" (op. cit.), le Père ne serait rien sans son porte-parole.

... et saint Glenn

Jouer les *Variations Goldberg* au piano ne va pas sans poser problème. Bach en effet connaissait le clavecin, le clavicorde, l'orgue, pas le piano. Un pianiste peut-il délibérément cultiver l'anachronisme ? Bien sûr que oui : la musique de Bach étant une musique pure, on peut la jouer sur n'importe quel instrument. Franchement agacée par cette question récurrente dans les rubriques de discophiles, Tatiana Nicolaeva formulera en 1984 une réponse en forme de manifeste : " Il me semble que le temps est venu de dire que Bach est si grand qu'on peut l'interpréter sur tous les instruments. Le sens profond de son architecture dépasse la machine quelle qu'elle soit" (*Le Monde de la Musique*, Juillet-Août 1984).

La position de Glenn Gould ne fut pas différente. Il explique à Bruno Monsaingeon de quelle manière il annexa en 1956 les Goldberg au répertoire pianistique : "La question n'était pas tellement d'en revenir aux instruments en soi, tels que Bach avait pu les connaître. Ce qui importait, c'était de nous imprégner des caractéristiques des instruments qui avaient façonné son esprit - la brillance du clavecin, le son merveilleusement clair et détaché de l'orgue baroque -, de les laisser infiltrer notre conscience et influencer de façon quasi subconsciente notre manière de phraser et de jouer les instruments, quels qu'ils soient, que nous utilisions" (Gould, 1985 : 36).

Ainsi voici Gould, laissant infiltrer sa conscience par Bach, engagé dans un dialogue d'inconscient à subconscient avec le Maître. Gould au clavier, assis sur sa chaise percée à la droite du Père. Et Jean-Jacques Nattiez bientôt interroge : "Dans l'Art de la fugue, dans les Partitas, dans les Goldberg, Gould a-t-il réussi à faire descendre un peu d'absolu jusqu'à nous ?" (*Le Monde de la Musique,* février 1988).

Si l'on en croit le succès commercial de ses *Variations Goldberg,* l'on est tenté d'admettre qu'effectivement un peu d'absolu est descendu jusqu'à nous. Notre enquête auprès des services de Sony Classical, aujourd'hui propriétaire des droits d'exploitation des enregistrements audio et vidéo de Glenn Gould, nous a réservé quelque étonnement. Nous pensions bien que les *Variations Goldberg* s'étaient vendues d'une façon correcte, mais nous n'imaginions pas que cette partition réputée austère pouvait être à ce jour la meilleure vente classique de tous les temps, loin devant les *concerti* de Bach puis les autres enregistrements de Gould. Nous pensions bien que les disques de Glenn Gould se vendaient d'une façon satisfaisante, mais nous n'imaginions pas qu'un pianiste aussi considérable que Vladimir Horowitz ne dépasse pas 15 % du total des ventes de Gould. Au palmarès des ventes de disques, Glenn Gould est l'inclassable.

De tels ordres de grandeur nous échappent. Nous cherchons des repères. Chez Sony, Guy Boselli prend rapidement la mesure du trouble. Il guide nos évaluations. En France, la vente courante d'un enregistrement du domaine classique (Bach est dans ce parc) oscille entre 1000 et 3000 exemplaires. À cette échelle, 10 000 exemplaires font une vente excellente. C'est le seuil habituellement atteint par Vladimir Horowitz. Mais pour appréhender l'impact des enregistrements de Gould, il faut changer d'échelle. Enregistrée en 1981, sa troisième version discographique des *Variations Goldberg* s'est d'ores-et-déjà vendue à plus de 150 000 exemplaires. 150 000 disques compacts, auxquels il faut ajouter 100 000 autres disques compacts des versions antérieures (1955 et 1957). Il s'est donc vendu en France à ce jour 250 000 enregistrements des *Variations Goldberg* (l'on ne tient pas compte ici des microsillons et des cassettes). Sur l'ensemble des enregistrements réalisés par Glenn Gould, Sony a aujourd'hui vendu en France 400 000 CD et 80 000 cassettes. Et bien que le pianiste canadien nous ait quitté en 1982, ce succès ne faiblit pas. Le coffret de douze cassettes vidéo mis en vente au mois de juin 1993 fait l'objet d'une diffusion comparable, voire supérieure, à celle des vidéos d'opéra. Ce qui est exceptionnel. On comprend alors que Sony travaille à l'édition complète des enregistrements de Gould : 80 disques compacts disponibles depuis l'automne 1994. Gould au succès modeste s'est exprimé à maintes reprises sur les raisons d'un tel engouement :

elles tiennent selon lui à ce que les acheteurs ne réclament pas "Bach par Glenn Gould", mais bien "Glenn Gould dans Bach".

À la télévision, la chaîne Arte consacre chaque année une soirée thématique à Gould. Les émissions de télévision réalisées par Bruno Monsaingeon dans les années soixante dix y sont rediffusées, et commentées, promues au rang d'émissions légendaires. Pour Guy Boselli cela ne fait aucun doute : les quatre émissions de Monsaingeon diffusées en 1974 par la première chaîne[6] ont marqué le point de départ de "Glenn Gould". Ces émissions "d'une qualité rare, un de ces reportages précieux par lesquels la notion de service public a gagné ses lettres de noblesse" (*Le Monde de la Musique*, mai 1987) marquent ce point à partir duquel la production discographique de Glenn Gould ne concerne plus seulement une sphère d'initiés (les mélomanes), mais suscite l'intérêt de chacun (le grand public).

On l'aura compris, "Glenn Gould" ne laisse indifférent ni les producteurs de disques, ni les critiques, ni les pianistes, ni le public. Pourtant, "l'époque n'est pas si lointaine qui voyait les disques de Glenn Gould systématiquement assassinés par la critique et rejetés par les mélomanes", constate Alain Lompech en février 1988 dans *Le Monde de la Musique*. En peu de mots il décrit ce que ce nom couvre désormais : "En 1982, Glenn Gould est mort. Peu à peu, l'intégralité de son œuvre a été portée à notre connaissance. Ses exégètes ne se comptent plus. Son art, analysé, disséqué, est devenu un sujet d'investigation universitaire. Ses écrits publiés en France par Fayard et Lattès sont des succès de librairie. Chacun en fait son pain blanc: Gould est devenu une référence obligée" (ib.). Et voici que l'on parle Glenn Gould comme l'on parle Bach, référence

---

[6] Ces quatre émissions avaient pour titre : *Glenn Gould, I La retraite, II l'Alchimiste, III Glenn Gould, 1974, IV Partita n° 6 de Bach*. Elles sont aujourd'hui disponibles en vidéocassette VHS aux Éditions du Léonard. Trois autres films de Bruno Monsaingeon ont été diffusés les 3, 10 et 17 mars 1982 sous le titre : *Glenn Gould joue Bach: I La question de l'art de l'instrument, II Un art de la fugue, III Variations Goldberg*. Ces films sont actuellement encore disponibles. Des extraits en sont par ailleurs publiés en VHS dans la Glenn Gould Collection de chez Sony. Ces émissions de télévision ont été diffusées lors de l'hommage qui fut rendu, *post mortem*, au pianiste canadien le 27 février 1984, deux ans après sa disparition: *Glenn Gould à Pleyel*. Du 1er au 21 octobre 1986, le Centre culturel canadien de Paris a proposé une *Rétrospective Glenn Gould* tous les jours de 10h. à 19h. Au mois de janvier 1988, c'est FR3 qui diffusa douze heures de musique consacrées à Glenn Gould. Et chaque année au mois de novembre, ARTE diffuse une *Soirée thématique Glenn Gould*.

oblige. Mais au moment où Mauricio Kagel compose une Passion selon saint Bach, Xavier Darasse crie haro sur la saint Glenn :

> "Ses laudateurs ont forgé sa statue et ont même célébré, salle Pleyel, une sorte de messe en son honneur. Certains mélomanes ne savent à quel saint se vouer; ils ont inventé saint Glenn. Oserais-je dire que je ne partage pas cette adoration, oserais-je faire remarquer que le personnage, inquiétant, inquiet, paranoïaque, orgueilleux, solitaire, n'attire guère la sympathie ? Oserais-je écrire que son approche de Jean-Sébastien Bach, surtout, est démodée ? À la fois respectueuse des signes, mais ignorante des usages; exprimant avec une perfection technique éblouissante un style néo-baroque, supposé être le style adapté à la musique du Cantor" (*Le Monde de la Musique*, Février 1988).

Au piano, saint Glenn geint, et ses pairs n'apprécient guère d'entendre sa voix lorsqu'il expose l'aria des *Variations Goldberg* ou les sujets des fugues du *Clavier bien tempéré*. Ils n'apprécient guère les excentricités de son jeu : assis trop bas, oreilles sur les épaules, nez sur le clavier, une main dessinant la mélodie dans l'air quand l'autre expose le thème. On lui reproche son manque de travail, ce qui limite son répertoire à Bach. On lui reproche son phrasé outrancier, son absence de pédale, un staccato intransigeant, un tempo inexorable. Au point que, prenant sa défense, Alain Lompech se voit contraint de préciser haut et clair : "Il savait jouer du piano, et comment !" (ibid.).

Mais Xavier Darasse renchérit et procède à un inventaire des moyens techniques. La sentence est sans appel : "toucher électroniquement perlé, ornements mécaniques, staccato computer, tempos régulièrement clean"; bref : "Glenn Gould emprunte l'œuvre de Bach pour faire valoir ses propres dons. Il se sert de l'œuvre et finalement réduit l'œuvre à sa dimension à lui" (ibid.). Ce reproche sera récurrent de la part des adeptes d'une démarche authentistique[7]. Pour Yannick Le Gaillard, qui fut au seuil des années quatre-vingts l'un des premiers clavecinistes français à enregistrer les *Variations Goldberg*, le drame de Gould est qu'à

---

[7] Le terme authentistique désigne ici un ensemble d'interprétations musicales promues sous la banière de la vraisemblance historique. Nous l'empruntons à Richard Taruskin : "L'Ancienneté du présent et la présence du passé", *Inharmoniques*, 7 : 68 102.

l'instar de tous les pianistes il se préoccupe : 1. du piano; 2. de lui-même; 3. de Bach. Ce qui rend ses interprétations insupportables.

Variations Goldberg

L'on se plaît à considérer qu'au moment où il compose ses *Variations Goldberg*, Bach est au sommet de son art. À la fin de sa vie "Bach se réfugie dans les cimes" (de Candé, 1984 : 218). Il n'est que d'énumérer ses dernières compositions : 1745-1747, *Dix-huit Chorals pour orgue*; 1747, *L'Offrande musicale* et les *Variations canoniques*; 1740-1748, *L'Art de la fugue*; 1747-1749, *Messe en si*. Chronologiquement, les *Variations Goldberg* inaugurent cette série: la base du sommet, en somme. Composées en 1741, elles sont éditées à Nürnberg en 1742. Et Goldberg doit les jouer.

Né à Dantzig en 1727, Johann Gottlieb Goldberg avait été à Dresde l'élève du fils aîné de J.-S. Bach, Wilhelm Friedemann. Forkel en 1802 assure que ces *Variations* avaient été commandées à Bach par le Comte Keyserlingk, *Reichsgraf* de Dresde. Le Comte souffrait en effet d'insomnies. Lorsqu'il ne dormait pas, il aimait écouter du clavecin. Aussi prit-il pour habitude de coucher le jeune Goldberg âgé de quinze ans dans une chambre voisine de la sienne. Lorsque l'insomnie persistait, il réveillait le jeune claveciniste et lui demandait en pleine nuit de toucher l'instrument. Mais son répertoire n'était pas illimité, et le jeune prodige se répétait. Pour remédier à l'ennui qui en résultait, le comte passa commande à Bach de variations pour le clavecin, les *Variations Goldberg*. Cette présentation de Forkel est aujourd'hui des plus controversées. Si tel avait été le cas, Bach aurait dédié l'œuvre à Keyserlingk, conformément à l'usage. Or le manuscrit ne porte aucune dédicace. Force est alors d'admettre que ces *Variations* ne sont pas une œuvre de circonstance, une commande devant garantir son sommeil au Comte. Rien ne s'oppose donc à ce qu'elles soient considérées, non pas comme "l'exécution rapide d'une commande fortuite" (de Candé, 1984 : 216), mais bien comme le produit d'un projet compositionnel à part entière : le livre quatre de la *Klavier-Übung*. Ce qui les place parmi les meilleures, celles du sommet, *L'Offrande musicale* ou *L'Art de la fugue*.

Composées pour clavecin à deux claviers, les trente-deux *Variations Goldberg* sont un série de trente variations précédées, et suivies, d'un même aria en forme de sarabande. La mélodie de cette sarabande à aucun moment cependant ne vient nourrir le matériau thématique de la suite. Ici, le thème est à la basse, c'est elle qui est travaillée, diminuée, ornée, agrémentée, augmentée à mesure des variations. L'on nomme cette basse obstinée, cette forme passacaille. Et du choix de Bach pour ce principe compositionnel reposant sur la basse, l'on se persuade de ce que l'on touche, là encore, au fondement (voir page suivante).

L'analyse de la partition ne peut que renforcer cette conviction. Un travail de dépiction nous fait construire une cohérence, comprendre la structure formelle de la partition, atteindre au principe compositionnel : derrière l'inscription graphique se cache "Bach lui-même". On repère par exemple que des canons ponctuent la série : les variations dont le numéro d'ordre est un multiple de trois sont des canons. Les trente-deux variations paraissent ainsi mesurées à l'aune d'une série de neuf canons. Le premier (n°3) est un canon à l'unisson, le deuxième (n°6) un canon à la seconde, le troisième (n°9) un canon à la tierce. Il en va ainsi jusqu'au neuvième (n°27) : un canon à la neuvième. Chacun attend alors la trentième variation, elle ne vient pas. La série des canons prend fin : un *quodlibet* sur des thèmes de chansons populaires tient lieu d'ultime variation. L'exégète peut alors engager ses spéculations sur une symbolique du nombre 3, de son carré (9 canons), de son cube (jusqu'à la 27e variation).

Lorsqu'il édite en 1956 son premier enregistrement des *Variations Goldberg*, Glenn Gould rédige lui-même le texte de présentation qui figure sur la pochette du disque (reproduit in Gould, 1985 : 3-11) : un panégyrique à la louange des *Goldberg*, du piano, de Bach, de la beauté. Pourrait-on seulement en douter ? Cette suite est "l'un des monuments de la littérature pour clavier", "un édifice d'une ampleur inégalée" (Gould, 1985 : 3). La partition est elle-même une "partition incisive et caustique" qui manifeste ce "véritable défi auquel se trouve confrontée la puissance inventive du compositeur" (id. : 4). L'ostinato de la basse, qui tisse le lien entre les variations successives, exerce selon lui une intense "force gravitationnelle" (ibid. : 5), et les canons sont un "dialogue figuratif d'une transcendante beauté" (ibid. : 7). Toutefois, quelles que soient les qualités intrinsèques que l'on peut prêter à la partition, quel que soit le vocabulaire dont l'on use pour dire notre foi, l'inscription graphique ne demeure jamais qu'un programme de réalisation vive différée. Et l'opération de qualification n'est rien sans une réalisation vive de la partition. Or, que fait Gould lorsqu'il joue cette partition au piano ?

Gould versus Leonhart

"Du Gould !", répond Yannick Le Gaillard qui ne décolère pas. "Le Père Bach pour une fois a tout écrit sur sa partition. Pourquoi Gould ne joue même pas les ornements tels qu'ils sont marqués ?" Et l'on compare. La version qu'enregistrait Gustav Leonhart au clavecin en 1953 dure 54mn 20s, celle de Gould en 1955 ne dépasse pas 38mn 33s. L'aria initial ? 2mn 50s dans la version Leonhart, 1mn 55s dans la version Gould. Une différence de près d'une minute en trente-deux mesures. C'est que le claveciniste pense le tempo de la sarabande à la croche ($\flat$ = 72, soit ♩ = 36), le pianiste à la noire (♩ = 58). Cette différence de conception éclate dans la première variation. Soucieux de maintenir une cohérence dans le rapport des *tempi*, comme il est d'usage dans l'interprétation des suites, Gustav Leonhart opte pour une pulsation de 60 à la noire. Au contraire, soucieux d'instruire entre les variations successives les marques d'une différence qui préserve de tout ennui, Glenn Gould accélère : 138 à la noire. Leonhart interprète la variation en 1mn 40s, Gould l'exécute en 43s. L'occasion pour lui d'afficher ses capacités pianistiques ? Le Gaillard n'est pas loin de le penser. Car l'aisance du pianiste impressionne. Son articulation, sa célérité, la netteté de ses attaques, la clarté de son jeu séduisent. Mais l'incohérence (Le Gaillard parle volontiers d'incompétence) de Gould agace. Il n'est que de comparer les huit premières mesures de l'aria dans les réalisations respectives de Leonhart en 1953 et de Gould en 1955 :

Dans la version Leonhart, le tempo est lent, à la limite d'une décomposition à la croche, d'une stabilité rigoureuse, ♩ = 36. Prenant appui sur cette pulsation rigide, le claveciniste cultive l'irrégularité : un décalage maîtrisé entre la basse et la mélodie, notamment dans la résolution des retards. Le procédé est récurrent au long des huit mesures, et jamais démenti dans l'ensemble de l'aria. Les tours de gosier sont scrupuleusement respectés (a), les tremblements mesurés (b), les pincés doublés (c). Les trilles (d) naissent par un appui sur le tactus, s'émancipent avec une vitesse de battement croissante et s'achèvent sur un point d'arrêt strictement mesuré (e). La réalisation paraît parfaitement maîtrisée. L'instabilité est le produit d'une anticipation calculée : Leonhart prend appui sur les traités du XVIIIe siècle pour interpréter les ornements, cette *musica ficta* dont les règles étaient alors connues d'expérience, et ne s'écrivaient point.

Rien de tel chez Glenn Gould. Le tempo est plus rapide. Il fluctue : 58 à la noire au début, 63 à la fin du deuxième système. Une pulsation instable ne permet guère de prendre appui. Serait-ce alors par effet compensatoire ? Le pianiste cultive la régularité : la basse et la mélodie sont rigoureusement synchrones, notamment dans la résolution des retards. Le procédé est récurrent au long des huit mesures, et jamais démenti dans l'ensemble de l'aria. L'on pourrait songer à une réalisation parfaitement programmée. Mais dans les tours de gosier (a'), Gould ne tient pas compte de la direction du mouvement (qui contraint l'interprète à commencer soit par la note voisine supérieure, soit par la note inférieure). Les tremblements jamais ne sont identiques (b'). Les pincés sont simples: des mordants (c'). Les trilles naissent par anticipation sur le tactus, s'émancipent avec une vitesse de battements étonnamment rapide, mais constante, et ne sont ponctués par aucun point d'arrêt (d'). Au contraire, il use des deux notes qui permettraient de marquer une ponctuation pour relancer le mouvement. Et il transforme ce qui devrait être un point d'arrêt en anacrouse annonçant la phrase suivante, tout en raccourcissant la troisième mesure d'un demi-temps. Dans la quatrième mesure, il ne respecte guère la durée des notes : ses doubles croches deviennent des triples enlevées par un huitième de soupir, et ce passage devient enjoué sans que l'on en perçoive la pertinence de ton. Les liaisons de la mesure 7 n'attirent pas son attention. Il joue staccatto ce qui devrait être louré. L'on pourrait noter encore, mesure 11, cet accord de mi mineur qu'il arpège dans un mouvement descendant que rien ne paraît justifier (mais Leonhart, d'une manière tout aussi inexplicable aujourd'hui, opte pour le même choix). Enfin, lorsqu'un ornement ne trouve pas grâce à ses yeux, Glenn Gould le supprime (mes. 12). Sa lecture des signes varie, leur réalisation n'est pas maîtrisée. L'on pourrait multiplier les hapax. Pointer par exemple la huitième variation, écrite à 3/4. Rythmiquement l'interprétation du phrasé de la basse est très délicate, car l'instrumentiste risque à tout moment d'en faire un 6/8 en déplaçant l'appui du si vers le sol :

Néanmoins chaque interprète s'évertue à respecter l'écriture du compositeur et phrase le rythme par deux (à 3/4), et non par trois (à 6/8) : ♩♫ ♩♫ ♩♬ et non ♩♩♩ ♩♩♩ . Glenn Gould fait fi de tant de spéciosité. Il joue, vite; fort, brillamment, ne s'embarrasse guère de philologie. "Quelle horreur !", s'écrie Yannick Le Gaillard lorsque Gould dépasse la mesure 7, et replace le 3/4 appuyé de la mesure 8 (♩♬ ♩♩ ♩♪) par un 6/8 instable (♩♩♩ ♩♩♩ 7). À l'endroit précis où les autres interprètes s'efforcent d'alléger le jeu, de préserver le phrasé, Gould accentue la basse. Il fait alors sans ambages, et tout en chantant, du 3/4 de Bach un 6/8 de Gould. Et le discophile s'empresse d'acheter les *Goldberg* de Gould.

Sous les doigts de Gould, les *Variations* de Bach deviennent une œuvre pianistique, des plus grandes, "l'un des monuments de la littérature pour clavier" (Gould, 1985 : 3). Contrairement à la version Leonhart, tout paraît ici imprévisible. Gould supprime des mordants, rajoute des trilles, abrège des temps, anticipe les appuis, ne porte pas attention aux phrasés notés. Le pianiste semble aménager les ornements en fonction de l'instant. D'où son exploration de phrasés différents au moment de l'enregistrement, son minutieux travail de collures à partir de prises multiples (il n'est que de lire, par exemple, son témoignage sur la Fugue en la mineur du premier livre du *Clavier bien tempéré*, in Gould, 1983 : 69-72). C'est qu'à la différence de Leonhart, Gould ne s'en tient pas à un quelconque respect du texte. Le texte ne l'intéresse guère : il dialogue, lui, d'inconscient à subconscient (voir plus haut). Tel apparaît Gould lorsqu'il interprète les *Goldberg*, tel que l'on aime le voir: en communion avec Bach, non avec des préceptes musicologiques. N'est-ce pas précisément parce qu'à nos yeux Gould a rencontré Bach qu'il paraît à ce point ému ?

On pourrait croire à un défaut de préparation, un défaut d'analyse de la partition : son interprétation semble en effet construite en fonction de l'émotion ressentie dans l'instant. Les exégètes de Gould assurent que seuls des esprits malveillants peuvent penser de la sorte. Car ce que signale cette instabilité, c'est un jaillissement de l'inspiration, et la manifestation, audible, de ce que Gould a rencontré La Musique pure, celle de Bach. Pourquoi le pianiste n'afficherait-il pas alors son émotion?

La voix de l'émotion

Sa voix est là, présente à l'enregistrement, aucun filtre sonore ne l'efface. Jean-Jacques Nattiez s'en inquiète. Irrité par ces marmonnements et ces grincements de chaise, il interroge : "Ne risquent-ils pas de troubler notre quête de l'extase ?" (*Le Monde de la Musique,* février 1988). Bien sûr que non. Ils en sont au contraire la garantie. Gênante pour certains, la présence de cette voix est pour beaucoup le témoignage de ce qu'une emprise émotionnelle habite Gould, de ce qu'une transe agite son âme quand ses doigts courent le clavier : une faiblesse que l'on perçoit, une perte de contrôle exposée, quand le jeu pianistique, lui, demeure techniquement irréprochable. Ici les sons de sa voix, les grincements de sa chaise ne sont pas parasites. Bien au contraire, ils portent trace de ce que Bruno Monsaingeon bientôt montrera à la télévision : un Glenn Gould habité par La Musique : "En entendant ce que fait Glenn Gould, on entend plus que ce que font les autres, parce que c'est l'idée même de la structure de la musique qui compte, et par laquelle peut passer l'émotion" (Arte, 15 novembre 1992).

Mais comment ériger l'émotion en propriété intrinsèque de la structure musicale ? Ne serait-ce pas l'inverse: une émotion affichée qui permettrait d'administrer notre croyance en la structure musicale ? Car la structure musicale n'est jamais elle-même qu'une obsession de compositeur, un fantasme d'analyste. Elle focalise l'attention sur l'énoncé mais ne dit rien des conditions de réalisation vive d'une partition, ne dit rien de l'énonciation musicale. Or c'est précisément là, dans le dispositif d'adresse, qu'une force émotive prend racine.

De l'interprétation de Gustav Leonhart, on retiendrait la cohérence du discours, la maîtrise des *tempi*, de l'ornementation : l'effacement. Ici, le point de vue de l'interprète s'efforce de passer à l'arrière-plan de la référence musicologique. L'interprétation se fait "au plus près" de ce que l'inscription graphique signifie. Le claveciniste entend nous faire accéder à l'intention du compositeur en exposant l'effet voulu par lui. Du point de vue de l'auditeur, l'évaluation se fait en fonction d'un critère d'authenticité qui présuppose un savoir partagé, une référence commune. Pour qui ne partage pas l'érudition de Leonhart, il manque une clé dans le dispositif d'évaluation. Les choix esthétiques du claveciniste, la maîtrise de son jeu perdent de leur pertinence. Comment en effet mesurer le travail interprétatif de l'artiste si l'on ne connaît rien de la partition de Bach, de l'état des recherches musicologiques, des préceptes dictés par les traités ? Comment alors apprécier la stratégie volontaire d'effacement prônée par Leonhart ? Comment se forger une opinion ?

Glenn Gould ne cherche pas, lui, à être fidèle au texte. Son discours n'est pas un discours de l'authenticité musicologique : il s'affiche, lui. Et chacun admire sa virtuosité, son jeu pianistique, l'illusion d'une transparence de l'énonciation qui naîtrait de son jeu perlé. Gould affiche un point de vue singulier, le sien. La référence musicologique n'est pas de mise, il ne s'en préoccupe pas. Ici, c'est l'interprétation qui est contraignante. Gould opte pour un parti-pris stratégique qui lui permet d'instaurer une amnésie, d'instituer une discontinuité, d'inscrire son interprétation en rupture avec une tradition musicologique. Du point de vue de l'auditeur, la référence n'est plus alors musicologique, le discours n'est plus affaire de spécialiste. L'énoncé ne peut être séparé de la personne de Gould, il ne peut être séparé de la personne de l'énonciation. Il ne s'agit plus pour l'auditeur de se faire une opinion, il doit adhérer. Ici, l'opinion est livrée tout entière dans l'interprétation. Le pianiste doit emporter l'adhésion, abolir cette distance qui aurait nom distanciation, susciter l'engagement, une manière d'implication. Gould doit faire en sorte que l'auditeur se sente concerné. Pour cela, il charge sa réalisation vive d'un mécanisme de réflexivité : un effet de spectacle. Dans son ouvrage récent portant sur la question humanitaire, Luc Boltanski a examiné ce qu'il nomme un style émotif[8]. Le style émotif s'émancipe en prenant appui sur un dispositif qui est celui de l'opinion: dans la relation interdiscursive, le locuteur devient prégnant sur la référence. Ce dispositif discursif consiste alors à "inscrire et à rendre saillante la personne de l'énonciation dans l'énoncé" (Boltanski, 1993 : 67). En jouant les *Goldberg*, Gould marque son empreinte. Ses gémissements, les crissements de sa chaise, son interprétation à la fois approximative et outrancière au regard des règles d'interprétation académiques sont sa signature. Il impose un singulier à son enregistrement, s'impose en sujet de l'énonciation dans l'énoncé : Gould dans Bach.

La force du commentaire

Les interprétations respectives de Leonhart et de Gould nous mettent en présence de deux systèmes d'évaluation de l'œuvre, que nos sociétés se plaisent à concevoir comme antinomiques. Chez Leonhart, l'interprétation gère un savoir. Le discours musical est argumentatif, il joue l'effacement de l'interprète au profit d'un idéal à tout moment convoqué en référence: la partition de Bach. Là, l'autorité du discours musicologique supprime la singularité du point de vue. Chez Gould, l'interprétation gère une opinion. Le discours est passionnel, il joue l'omniprésence de l'interprète happé par La Musique dès lors qu'il se met au clavier. L'interprétation de Gould témoigne d'une impossible extériorisation de l'œuvre. Ici, l'emprise émotionnelle manifeste la singularité du point de vue.

D'un côté, Leonhart s'éprouve en position relative d'extériorité par rapport aux *Goldberg* de Bach : il montre l'œuvre. De l'autre, Gould affiche un rapport d'intériorité : il incarne l'œuvre. D'un côté, Leonhart parle doubles croches et ornements, de l'autre, Gould parle transcendance et "ego viril des Goldberg" (Gould, 1985 : 6). L'aubaine est belle. Le critique oppose volontiers raison à passion, froideur à émotion : deux modalités de gestion d'une croyance commune en La Musique.

L'activité de jugement est alors formulée en termes d'éthique, une éthique de l'interprétation musicale qui prend appui sur une matrice esthétique. Lorsque Xavier Darasse analyse l'interprétation de Gould, il ne retrouve pas dans ce qui lui apparaît comme des facéties d'un hypocondriaque le socle de cette culture commune

---

[8] Infra bibliographie, Boltanski, 1993 : 66 et sq.

que le mot Bach sert selon lui à fonder (voir plus haut). L'interprète ne saurait donc être pour lui exégète, et la communication d'émotion se solde par un rejet. Pour que l'opération suscite une vibration sympathique, il y faut une adhésion préalable, une adhésion semblable à celle du pianiste Michel Dalberto :

> "Gould fut un des rares artistes intemporels et, si chacune de ses déclarations, de ses poses ou de ses attitudes peut être critiquée, acceptée ou refusée, son art fut porteur d'un message et d'une émotion suffisamment rares pour le placer hors d'atteinte de cette vague qu'on appelle la mode et qui recouvre l'artiste disparu" (*Le Monde de la Musique*, février 1988).

L'adhésion au discours de l'opinion affiché par Gould se fait en occultant le dispositif d'adresse. Peu importent les déclarations, les poses, les attitudes, seuls comptent ici le message, l'émotion, l'art. Pour reprendre l'une des métaphores qu'affectionne Pierre Lagrange, l'on se trouve ici dans la posture de celui qui scrute l'horizon, cherchant à repérer cette lune que le sage désigne du doigt, en omettant de porter attention au geste qui désigne[9]. Sur Arte, le 15 novembre 1992, le pianiste hongrois Zoltan Koksis s'efforce à son tour d'expliciter sa foi en Gould :

> "L'une de ces raisons est la plasticité et, à l'intérieur de celle-ci, la polyphonie, la pensée polyphonique. L'autre raison, c'est l'expression d'une liberté intemporelle qui reste toutefois bien encadrée (...). Il faut réaliser qu'il n'y a pas un art centré sur l'homme, mais un art pour l'art. J'ai l'impression que Gould n'était pas amoureux de la musique, mais plutôt des sons. Ce n'est pas tant la musique qu'il jouait que les sons qui s'y trouvent autrement dit : l'idée qu'il se faisait de ces sons".

---

[9] Dans le numéro que la revue *Ethnologie française* a consacré au repérage *Science/Parascience*, Pierre Lagrange pose en ces termes la question de la perception, et de la vérité, s'agissant ici des témoins d'ovni : "On dit que lorsque le sage pointe la lune du doigt, l'idiot suit le doigt. Mais peut-être ici l'erreur serait-elle de ne voir que la lune. Sans doute n'est-il pas tout à fait déplacé de s'attacher aux gestes qui désignent un "rien", une chose envolée, plutôt que de vouloir y replacer de toute force un objet catalogué par l'opération scientifique. Et, si au lieu de trouver la lune, je ne détectais rien, cela m'autoriserait-il à conclure qu'il n'y a donc qu'affabulation, ou qu'il y avait effectivement un ovni?" (*Ethnologie française*, 1993, 3 : 312).

L'adhésion du spectateur est assurée dès lors qu'il invoque l'objet de la croyance, en passant sous silence l'administration du culte. Et l'on parle Gould avec les mots dont l'on use d'ordinaire pour parler Bach. Voici Gould en figure éternelle, au-delà du piano, au-delà de la musique, au-delà des sons: dans l'idée même. Il le rappelle lui-même fréquemment, le piano n'est jamais pour lui (il y insiste) qu'un outil : "Le piano n'est pas un instrument que j'affectionne particulièrement en tant que tel. J'en ai toujours joué et il me fournit le meilleur véhicule pour exprimer mes idées parce qu'il est extrêmement commode" (Gould, 1985 : 30). Quand ses interprétations affichent une présence encombrante de l'interprète et du piano, Gould prône en son discours un effacement du pianiste et de son instrument au profit de l'idée, de la structure, de l'œuvre : de La Musique. Si l'on ne demande alors qu'à le croire, n'est-ce pas parce que l'on croit volontiers en l'idée musicale, en la structure, en l'œuvre, en La Musique : en cet ailleurs qu'il désigne ? Et la communication englobe désormais un discours d'escorte qui accompagne ses enregistrements.

On lui reproche son staccato obstiné ? Il assure ne rechercher qu'une transparence de l'énonciation. Et l'on s'efforce de comprendre ainsi l'interprétation déliée des triples croches (variation 13 des *Goldberg*) ou des doubles croches (prélude en ut majeur du premier livre, et (l'invraisemblable) prélude en ut mineur du second livre du *Clavier bien tempéré*) quand il s'agit de mouvements harmoniques distillés par Bach en valeurs brèves selon un procédé récurrent au long du XVIIIe siècle. On lui reproche ces libertés qu'il prend avec le texte ? C'est qu'il s'intéresse à l'idée, non à la lettre. Marc Monnet prétend qu'il confond interprétation et création en "transformant la musique des autres" (*Le Monde de la Musique*, février 1988) ? Il assure n'être jamais qu'un intercesseur. On lui reproche de multiplier les prises à l'enregistrement ou les collures au montage ? Il se fait prophétique : "il est inévitable que tôt ou tard les fonctions d'interprète, de directeur artistique et d'ingénieur du son finissent par se confondre jusqu'à un certain point" (Gould, 1983 : 71).

Forgées à partir de deux horizons d'attente antagonistes, questions et réponses jamais ne se rencontrent. Gould vise à l'essentiel, le sien, et son essentiel est toujours au-delà de la question. Ce n'est plus alors l'interprétation seule que l'on juge, mais aussi ce discours qui cherche à lui procurer signification, vise à programmer une attente esthétique. Prenant la parole, Gould attribue des propriétés aux objets qu'il décrit, à l'idée de musique qu'il exprime. S'opère alors ce décalage dont Oswald Ducrot fait l'une des caractéristiques de l'acte de parole de prédication : "au lieu de 'signaler' que le fait ou objet possède les caractéristiques en question, il présente l'attribution comme constitutive, comme originelle, et non comme le rappel d'une subsomption déjà accomplie" (Ducrot, 1980 : 58). Or, précisément, la vibration sympathique naît de ce que le discours de l'opinion exprimé par Gould rencontre une prédication consensuelle. La force du commentaire de Gould tient à ceci: qu'il promeut en position originale l'ensemble des idées reçues qui façonnent notre croyance en La Musique.

Gould en autoréférence

On s'étonne de le voir décider de *tempi* aussi lents lorsqu'il enregistre en 1981 sa troisième version des *Variations Goldberg* ? C'est que son idée de l'œuvre l'a conduit à vouloir instaurer un rapport arithmétique entre les différentes variations, explique-t-il à Bruno Monsaingeon. Ce soucis, on l'aura compris, était déjà celui de Leonhart en 1953. Mais Leonhart affichait une recherche musicologique, Gould expose le produit d'une quête intérieure. Et il fait d'une règle banale qui s'enseigne en troisième année de conservatoire ce repère mythique qui l'institue en autoréférence. L'on imagine alors Gould au contact de la structure même de l'œuvre. Portant son intérêt sur le couple que forment Structure et atemporalité dans la pensée gouldienne, Jean-Jacques Nattiez est sur ce point formel : "reconstituée, traversée par la transcendance de la structure et l'abolition du temps, la pensée de Gould nous paraît singulièrement cohérente" (in Guertin, 1988 : 79).

L'on oublie volontiers que la structure n'a de transcendance que celle qu'on lui prête, qu'une telle transcendance n'est jamais qu'une réponse aux questions que nous posons et n'existe que tant qu'elle est administrée. Dans les discours que nous tenons communément sur la musique, cette transcendance est promue en entité séparée, incommensurable avec notre condition, humaine. Inaccessible à notre entendement, on n'y accède que par révélation. Cette entité est postulée immanente et auto-référentielle. Or, notre culture nous enseigne que, précisément, les compositions de Bach le sont. Et les analyses musicales s'emploient à en administrer la preuve. L'Offrande musicale disséquée par Douglas Hofstadter dans son ouvrage vertigineux Gödel, Escher, Bach[10] en constitue l'un des exemples célèbres. À l'instar des lithographies de Escher sur le mouvement perpétuel ou du questionnement mathématique de Gödel sur l'incomplétude, l'enchevêtrement des voix et l'enchaînement des tonalités est analysé comme un ensemble de boucles étranges : une subtile progression arithmétique que Douglas Hofstadter restitue fait qu'à la fin de *l'Offrande musicale*, on se retrouve au point initial, ce qui atteste du caractère auto-référentiel de l'œuvre. Or l'autoréférence institue une valeur d'éternité, abolit toute référence temporelle. La progression arithmétique de la série des canons des *Goldberg* et la réitération, à la fin du cycle, de l'aria initial permettent de lire ces variations comme une "boucle étrange". L'analyse en gomme ainsi la temporalité et décide de sa valeur d'éternité. Occultant la dimension temporelle qui fonde, pourtant, l'expérience, elle administre une croyance en abolissant le procès d'énonciation. Gould en fait le principe de sa démarche. Sur la pochette de disque qui accompagne l'enregistrement des *Goldberg*, il fait de ces variations un système auto-référentiel :

> "il existe là une intelligence coordinatrice fondamentale que, faute de mieux, nous avons qualifiée d'ego. Nous sommes dès lors contraints de réviser nos critères, lesquels sont singulièrement défectueux pour arbitrer cette union de la musique et de la métaphysique qu'est le royaume de la transcendance technique. Je ne crois pas qu'il soit hors de propos de se livrer à des spéculations extra-musicales au sujet de cette partition, même si elle représente probablement la mise en œuvre la plus brillante de toute l'histoire d'un thème de basse car, à mon avis, son ambition fondamentale dans l'ordre de la variation ne se situe pas dans le domaine de la fabrication organique mais dans la communauté de sentiment" (Gould, 1985 : 11).

Mais la transcendance de l'œuvre ne vaut que par l'exégèse qu'en fait l'interprète. Au prix d'une mise en abyme, cette valeur d'éternité qui auréole les *Variations Goldberg* atteint bientôt Gould. Car un exégète saura à son tour instituer le discours d'opinion de Gould en système auto-référentiel. Bruno Monsaingeon sera le premier en France, en 1974, à promouvoir

---

[10] Hofstadter, Douglas. *Gödel, Escher, Bach. Les brins d'une guirlande éternelle.* Paris : InterEditions, 1985.

une vision irénique de l'esthétique gouldienne. Une démarche qui s'apparente selon lui à un "travail d'évangélisation" :

> "Pour peu que l'on soit réceptif à sa réalité transcendante, (l'expérience gouldienne) relève d'un autre ordre d'expérience, d'un phénomène de nature proprement religieuse, et l'on serait gouldien comme, peut-être, d'autres sont chrétiens (les deux termes, bien sûr, ne s'excluant pas forcément l'un l'autre) car l'œuvre de Gould ne constitue pas un système clos, elle n'est pas véritablement discutable, ou réfutable, mais provoque un sentiment d'adhésion à une vision cohérente et totalisante de l'existence, contre laquelle on peut pécher ou dont on peut à l'inverse s'efforcer de s'approcher" (Monsaingeon, in Gould, 1986 : 11-12).

Une foi en Gould s'émancipe sur la base d'une révélation, "cette voix qui me soufflait, douce mais impérieuse: viens et suis-moi" (id. : 9). Elle tient dès lors de l'évidence, "cette tentative relève de la simple constatation" (ibid. : 11). Et cette foi encore, l'émotion demeure ce principe ultime par quoi il est légitime d'administrer une foi en saint Glenn, cette trace qui atteste de ce qu'il est bien ailleurs :

> "Par-dessus tout cela, il y eut, derrière cette approche intellectuelle forcenée et une originalité parfois un peu gratuite, une émotion dont on sent que, quelque part, il eût aimé l'intellectualiser, mais qu'en vrai poète, il ne veut ni ne peut supprimer.
>
> Nul doute que, à la fin du troisième voyage au travers des *Variations Goldberg*, Glenn Gould aurait pu faire sienne la phrase d'André Gide dans le Journal des Faux-Monnayeurs: "L'émotion gêne, et néanmoins tout et perdu dès qu'on l'élude, ou que seulement elle diminue; car, somme toute, elle est la fin dernière, et c'est à cause d'elle que l'on joue" (Michel Dalberto).

Ici, tout bascule. Ses interprétations font de Gould un interprète, ses discours d'escorte en font un exégète. Mais les discours que l'on tient sur lui en font un génie. Ses interprétations, ses discours sont eux-mêmes accompagnés de discours d'explicitation. Ses exégètes témoignent, sa biographie alimente l'admiration. Et contre ceux qui s'obstinent dans une voie dénonciatrice, les exégètes brandissent l'hagiographie.

Un piano, un studio, un lac

Glenn Gould est né à Toronto le 25 septembre 1932. Son père est violoniste, sa mère pianiste. Il choisit le piano. À l'âge de trois ans, il sait lire la musique. Il apprend le piano avant même de savoir lire et écrire. Son père fabrique pour lui une chaise pliante, très basse. Il la conservera *ad vitam aeternam*, même percée, et se tiendra toujours très bas au piano, le visage à même le clavier. À cinq ans, il compose ses premières œuvres. Il donne son premier concert en 1943, un concert d'orgue. Âgé de onze ans, il joue le Troisième concerto de Beethoven avec l'orchestre de Toronto. Tous les ans, il passe l'été dans le grand nord, près du lac Simcoe, avec son piano. Il est en 1952 le premier pianiste à jouer pour la télévision canadienne. En 1957, il est le premier Nord-Américain à jouer à Moscou. Bruno Monsaingeon raconte l'événement, sur Arte, le 15 novembre 1992 :

> "Ce qui est extraordinaire, c'est qu'à chaque fois que le public a eu un contact avec lui, il a suffit d'un seul contact pour que le souvenir reste de certainement quelque chose qui a violemment marqué les gens. À Moscou par exemple, on en parle encore. Il est passé à Moscou en 1957, et je connais des gens qui étaient à ce premier concert de Glenn Gould. Inconnu. Quarante personnes dans la salle. Une salle de deux mille personnes. Au début du concert. Avant la fin de l'entracte, la salle était pleine. Parce que vous avez la générosité extraordinaire des Soviétiques qui sont privés de beaucoup de choses, ils veulent tous partager quelque chose, et ils sont tous partis téléphoner en disant : "Venez, venez voir ce qui se passe!". Et la salle était pleine au début de l'entracte". Fin de séquence. Glenn Gould, en tenue de concert, joue la sixième partita de Bach.

Une révélation, une rencontre comme on n'en fait plus, vécue il y a bien longtemps, 25 ans, et néanmoins présente encore dans les mémoires : l'exégète "connaît des gens qui". Bruno Monsaingeon parle Glenn Gould. Par un remarquable talent de conteur, il agrémente le témoignage de quelques lieux communs qui cultivent l'implicite, instaurent la connivence d'un partenariat : "vous savez?". Bien entendu, il n'y aura pas de réponse, le spectateur face à son écran en est empêché. Mais comment répondre par la négative ? Éteindre le téléviseur ? Ce serait s'exclure soi-même de l'événement. Bien sûr que l'on saura, et si l'on ne sait pas, on s'en persuadera pour entretenir l'échange, émarger à cette culture commune où les propos de l'exégète deviennent intelligibles. Et l'on aura droit à d'autres confidences, d'autres rencontres, d'autres événements, d'autres chocs, qui entretiendront la fiction d'une intimité.

L'on s'interroge sur la fabrication de la vedette ? Un jaillissement encore. "Un concert à Washington, nous dit Monsaingeon. Et du jour au lendemain, ça a été un lancement dont on n'a jamais eu l'équivalent dans l'histoire de la musique. Un seul et unique concert, à la Philipp Gallery, à Washington, en 1955, et un éditeur de disques a signé un contrat avec lui instantanément, le soir-même du concert". Sans doute d'autres critères ont-ils pu entrer en ligne de compte, mais ceux-là ne tiennent pas du mystère. Monsaingeon les mentionne, sans s'y attarder vraiment :

> "Il était extraordinairement beau, visiblement prodigieusement intelligent, avec une dose d'excentricité suffisante pour que ça puisse faire la première page des journaux, jusqu'au moment où on s'est rendu compte que c'était pas de l'excentricité. Donc vraiment quelqu'un qui était une très très grande star pendant les huit années de concerts".

Voici Gould constitué en artiste sur le mode de l'exclusion, avec cette dose d'excentricité sans quoi l'on ne saurait identifier un véritable artiste. Voici Gould séparé de la vie quotidienne, excentré, loin de cette forme de vie inférieure qu'est la vie en société civile industrialisée, une vie dont l'homme ordinaire ne saurait réchapper, mais à laquelle l'artiste, lui, échappe, *on le sait*. Le rejet d'une conception artisanale de l'art par le romantisme n'a-t-il pas fondé la figure de l'artiste en quelque ailleurs? Face à la prolifération des êtres ordinaires, l'on brandit Glenn Gould, excentrique, ailleurs et rare: unique. Et l'ailleurs prend ici une dimension outrée.

Car voici Glenn Gould, adulé, chéri, convoité, engagé, menant la vie authentique d'un concertiste, Glenn Gould au faîte de sa gloire qui, brusquement, décommande ses concerts, refuse d'entrer désormais dans l'arène : "Pour moi, (le concert) est quelque chose de cruel, de féroce, et d'idiot. C'est exactement ce qui pousse des sauvages comme ces gens d'Amérique latine à aller voir des corridas" (Gould, 1986 : 68). Glenn Gould qui s'efface: un nouveau moment apical que Bruno Monsaingeon dévoile en cette même soirée du 15 novembre 1992 :

"Et puis voilà : la disparition du public en 1964, le dimanche de Pâques, dernier concert que seul lui savait être le dernier. Et puis: ce qui a été considéré à l'époque comme soit du silence ou une provocation, soit une agression contre le monde musical, contre les habitudes musicales, le refus absolu et définitif de revenir en scène.
Il était capable d'avoir les cachets les plus fantastiques qu'on ait jamais payé à des musiciens. Donc, lorsqu'il a abandonné la scène et le concert, ce n'était pas en dessous du succès. Il a abandonné en pleine gloire. Ca a impliqué une diminution de sa gloire pendant quelques années. À tel point que son éditeur de disque s'est demandé si ça valait le coup de travailler avec lui! Il avait bien dit, très tôt dans son existence de pianiste public, qu'il cesserait de jouer du piano en public à trente ans. Et puis, comme toujours, il n'a pas été tout à fait ponctuel : il a arrêté à trente et un ans et demi."

Gould, absolu jusqu'en son refus, se retire de ce monde du concert qui semblait pourtant garantir sa qualité d'artiste, c'est-à-dire sa séparation d'avec le monde ordinaire. Le voici qui instaure une séparation supplémentaire, se retire de cet ailleurs qui jusqu'alors fondait sa légitimité. Le voici qui se constitue en autoréférence, qui dessine ce que Michel Schneider aime à considérer comme "une clôture féconde" (Schneider, 1988 : 23). Par son choix radical Gould aurait-il été sacrilège ? Ses disciples jugent que non : "Dans son studio, Gould renouait avec cet idéal monastique du status religiosus, vie de renoncement et chemin de perfection dont les pas sont pauvreté, chasteté et obéissance. Son approche de la musique est du même ordre que celle de Dieu pour les mystiques" (Schneider, 1988 : 23). Qui, mieux qu'un moine, serait autorisé à parler Dieu ? Et qui, mieux que Glenn Gould, serait autorisé à parler La Musique ? Sa décision de rupture fait événement, instant précieux des commencements où un vécu antérieur prend signification, une œuvre prend naissance. Un instant dont l'incipit de toute hagiographie en porte la marque : "En 1964, le pianiste canadien Glenn Gould, qui avait été jusque-là un brillant concertiste, se retira de toute performance publique. Jusqu'à sa mort, en 1982, il se confina dans l'enregistrement de disques, d'émissions de radio et de télévision, et dans la rédaction d'articles exposant son approche de la musique" (Schneider, 1988: 11). L'isolement fomente la révélation, rétrospectivement.

Au prix d'une diminution de sa gloire pendant quelques années, Gould est dégagé désormais de ce contrat qui jusqu'alors fondait sa réputation. Gould invisible, comment ne pas considérer qu'il est, réellement, en prise sur la seule musique, la musique pure ? "Parce qu'il a un lien d'amour avec la musique, nous dit Monsaingeon. Je ne pense pas que ce soit avec le piano. Je pense que c'est, vraiment, quelque chose qui se passe avec la musique" (Arte, 15 novembre 1992). Mais le risque d'un tel glissement est qu'il mette en cause les codes sociaux dont nous usons pour faire exister la musique en nos sociétés. Au moment où Gould change d'ailleurs, il devient donc crucial de proposer un codage de signification qui permette à chacun de faire place à Gould, il convient de promouvoir un système de représentation inédit qui, livré en même temps que l'interprétation, permette à chacun d'inventer son Gould.

Un homme à part

Pourfendant ces "Bouvard et Pécuchet (qui) hantent les concerts", Jacques Drillon publie dans *Le Monde de la Musique* du mois d'Avril 1988 la première partie de son Dictionnaire des idées reçues :

"Gould (Glenn) : Il vivait dans un blockhaus, ne parlait à personne, mangeait en tout et pour tout une salade cuite tous les dix jours, et jouait du piano sur une chaise percée, en vociférant.

Bach (Jean-Sébastien) : Ne pas supporter sa musique d'orgue. Mais ses *Variations Goldberg* par Gould sont une vraie merveille"

Bach par Gould, ou Gould dans Bach ? Ici, peu importe. Sous la plume du critique, une relation d'équivalence est instaurée désormais, cela suffit. Ici, c'est le personnage qui intrigue, non ses interprétations. Mais pour que naisse l'intrigue, il a fallu que des informations d'ordre biographique aient été transmises au grand public en même temps que furent exposés les talents pianistiques de Gould. Tel fut le rôle des émissions de Bruno Monsaingeon, telle est aujourd'hui la fonction de l'abondante bibliographie sur Glenn Gould, et des écrits de Gould lui-même. Au rayon Musique des librairies, section Interprètes, Glenn Gould prend place avant Horowitz et Karajan: deux ouvrages sur Horowitz, trois sur Karajan, toute une étagère sur Gould. On y rencontre ses écrits en trois tomes, réunis, traduits et présentés par Bruno Monsaingeon chez Fayard, un livre d'*Entretiens* avec Jonathan Cott, traduits et présentés par Jacques Drillon chez Jean-Claude Lattès (aujourd'hui diffusé en collection de poche). Le Glenn Gould piano solo de Michel Schneider dans la collection L'un et l'autre de Gallimard. Et l'on rencontre parfois encore, toujours en format de poche, Le naufragé, ce roman de Thomas Bernhard dans lequel un pianiste hors norme, Glenn Gould, conduit deux de ses amis au suicide.

On présente Gould (Drillon, Monsaingeon), on parle à sa place (Bernhard, Schneider). Dans la presse, l'allusion le désigne prophète ("Ainsi parlait Glenn Gould", *Le Monde de la Musique*, novembre 1982), la parodie le rend omniscient ("Jacques Drillon parle de Glenn Gould à Jacques Drillon"[11], *Le Monde de la Musique*, mars 1986). Sur le petit écran, les explications de Glenn Gould éclairent ses choix esthétiques. Elles sont servies par un art de la citation pianistique jamais pris en défaut, sans partition, il joue de mémoire. Comment ne pas voir Gould habité par La Musique ? Les questions de Bruno Monsaingeon éclairent sa vie, la verve du pianiste achève de convaincre. Le réalisateur l'interroge, lui répond. Mais jamais il ne se tourne vers la caméra, jamais il ne s'adresse directement au téléspectateur. Gould ne parle jamais seul. La fiction de l'intimité est ici contrôlée par ses exégètes qui l'ont côtoyé, l'ont même tutoyé, furent son ami. Bruno Monsaingeon, obstiné, témoigne :

> "C'est quelqu'un qui vivait dans l'esprit et pour l'esprit. On a travaillé ensemble pendant une dizaine d'années, et la seule fois où je l'ai vu s'alimenter, c'était cinq ans après notre première rencontre. Et jamais pendant ces cinq premières années je n'ai entendu le mot "nourriture" ou l'évocation du concept de nourriture. Jusqu'à cette première fois, en 1977, où nous nous trouvions ensemble dans son studio en train de travailler. Et sur le coup de cinq heures du matin, il m'a demandé si je souhaitais me nourrir. (...) J'avais dit non. Et il est revenu à la charge une demi-heure plus tard: "Tu ne veux vraiment pas prendre quelque chose ?" Et il me dit : "Parce que c'est mon heure". Et je le savais, il me l'avait déjà dit: il prenait un repas par jour. Et encore, un repas par jour dans son minimum. Lorsque nous étions en tournage, il m'a toujours dit qu'il avait un estomac de chameau qui lui permettait de survivre pendant huit à dix jours sans la moindre

---

[11] L'article qu'écrit Drillon sous ce titre en 1985 fait écho au texte que Gould écrivit pour le *Hight Fidelity Magazine* de février 1974. S'éprouvant omniscient, *Glenn Gould interviewe Glenn Gould au sujet de Glenn Gould*. L'article est traduit par Monsaingeon in Gould, 1983: 28-46.

alimentation solide. Alors il buvait beaucoup d'orangeade, de lait, d'aliments de ce genre, mais pas de nourriture solide. Et ce soir-là, il me dit : "C'est mon heure"! Alors j'étais très ému, et il m'a demandé ce que je souhaitais: je prendrai la même chose. Il a donc appelé le service de chambre, et a dit au téléphone : "Comme d'habitude, mais pour deux personnes!" Donc, quelque demi-heure plus tard est arrivé le service de chambre, et il y avait sur la table, magnifique, bien dressée, très élégante : deux oeufs battus, un toast et un verre d'orangeade. C'est son repas, qu'il prenait toujours au petit matin, au moment où il avait achevé sa journée" (Arte, 15 novembre 1992).

En écoutant Monsaingeon, l'on revit la cène. Gould n'est-il pas crédité des propriétés que l'on confère d'ordinaire au divin ? Ici, boire du jus d'orange pendant huit jours devient, par service de chambre interposé, une vertu surnaturelle : le rejet des nourritures terrestres. Comment ne pas se laisser fasciner par l'autarcie du pianiste ?

Le fait qu'un musicien se retire du monde de la musique n'a pourtant rien d'exceptionnel. L'on songe à Vladimir Horowitz et sa longue période d'introspection (1953-1962), à Maurizio Pollini ou Krystian Zimmermann travaillant seuls chez eux après un Prix Chopin, à Wilhelm Kempf en sa retraite de Positano, aux années sabbatiques d'un Bruno Rigutto ou d'un Michel Beroff. Glenn Gould ne serait jamais que l'un, parmi tant d'autres, des pianistes en retraite. Mais le caractère qui s'avérera définitif de sa décision marque une impossible comparaison. Gould demeure l'unique, celui qui n'eut pas de maître et ne connaîtra pas de successeur, même si tout grand pianiste fait en effet école.

C'est en effet l'un des exercices privilégiés des critiques (et des concours internationaux) que de constituer des lignées d'interprètes, de désigner des héritiers. L'on repère ainsi en Nelson Freire, Martha Argerich ou François-René Duchable les héritiers d'Arthur Rubinstein, en Miguel Angel Estrella le fils de Clara Haskil et de Dinu Lipatti, en Andrei Gravilov celui de Sviatoslav Richter, ou en Michel Dalberto celui de Claudio Arrau et d'Arthur Schnabel. Glenn Gould, lui, n'a aucun successeur. L'on songe bien à Zoltan Kocsis, à Jean-Louis Steuerman, mais Bruno Monsaingeon est catégorique : "Glenn Gould est un mutant. C'est quelqu'un qui n'a pas d'ascendance. Et je vois mal la descendance qu'il pourrait avoir. Je crois que c'est quelqu'un qui restera comme un monument appartenant à l'ensemble des siècles". Gould solitaire, décidément unique dans les siècles des siècles, qui sait rendre la musique transparente, et que les plus grands viennent questionner.

Sur Arte, Yehudi Menuhin témoigne de la façon dont Gould lui a fait découvrir la *Fantaisie* opus 47 de Schœnberg. Il dit son bonheur d'avoir pu "rencontrer la musique de Schœnberg à travers celui qui avait la compréhension de cette musique, avait l'intensité, avait l'affection, la sympathie, l'amour on pourrait même dire, pour lequel c'était une musique absolument transparente". Cheminement initiatique : de l'exégète Menuhin au maître Gould, du maître à Schœnberg, à la musique. La compétence de violoniste que l'on reconnaît à Yehudi Menuhin par ailleurs fait de son opinion un avis autorisé. Comment dès lors ne pas le croire ? L'hommage, ici, dessine une figure de l'admiration. Désormais, des repères sont en place qui jalonnent un accès possible à la musique tout en permettant de gérer, via Gould et avec la caution des plus grands, notre croyance communément partagée en la musique. De tels repères façonnent une matrice d'opinion inédite, un système de représentation vicariant.

Gould, mode d'emploi

Le mode d'écoute est ici livré avec l'écoute, la clé qui mène à l'émotion musicale est livrée avec la réalisation musicale, le code avec l'œuvre. Par l'exégèse, chacun accède instantanément au coeur de La Musique. Et l'audience du pianiste canadien s'élargit au grand public, même lorsqu'il joue les *Variations* opus 27 de Webern. Il n'est que d'écouter Monsaingeon :

> "C'est un personnage extatique, qui était capable de créer l'extase sur le moment, l'appeler, la faire venir à quelque moment que ce soit. Ce qui lui permettait d'ailleurs d'enregistrer selon une méthode qui était différente de la plupart des autres instrumentistes, qui consiste la plupart du temps à enregistrer une œuvre de la première à la dernière note, et après de faire éventuellement des inserts. Glenn était capable d'utiliser une partition, de l'enregistrer éventuellement d'une seule prise, ça lui arrivait très souvent, mais parfois aussi de commencer à la coda, de revenir en arrière: de la faire par petites bribes. Et pour ça, il avait besoin de deux choses: d'avoir une conception totale de l'œuvre, une vision complète de la grande ligne, de ce que l'on appelle la grande ligne, et en même temps, de faire appel à ce sentiment

d'extase à tout moment, pour pouvoir retrouver la même situation psychologique et émotionnelle par rapport à l'œuvre". Fin de séquence, Webern, *Variations* opus 27.

Glenn Gould fait œuvre de pédagogue. Il prend la parole, et le discours se charge de performatifs (je crois que, je dois dire que, il me semble que), l'énoncé porte la marque du procès d'énonciation. Le jeu de la réflexivité est permanent. En exégète de lui-même, Gould manie l'allégorie, parle de Technicolor à propos de tel compositeur classique, fait comprendre Beethoven ou Schœnberg en citant Bach, parfois l'inverse, nous guide dans le panthéon des compositeurs, nous dit qui aimer (Bach, Richard Strauss, Webern), et pourquoi, expose des choix catégoriques (Mozart a vécu trop longtemps, il aurait dû mourir à 13 ans), explique les difficultés qu'il rencontre, les choix face auxquels, pianiste, il se trouve confronté lorsqu'il lui faut décider d'un phrasé dans le sujet d'une fugue de Bach, par exemple: les notes doivent-elles être détachées ? liées ? et de quelle manière ? Il joue au piano chaque choix possible. Serait-ce au téléspectateur de décider ? Le voici en tout cas en position de le faire: les éléments du choix sont exposés devant lui. Telle est la force de Glenn Gould : créer un monde musical en fournissant le guide, un monde musical auquel chacun peut accéder sans qu'il soit nécessaire de passer par le conservatoire, un monde musical où défilent ces incontournables références que l'on connaît de nom, et d'autres, plus rares, que l'on découvre d'expérience. Telle est la force de Glenn Gould: créer une institution esthétique en même temps qu'une interprétation, et livrer dans le même mouvement ce code d'accès qui autorise l'identification.

Et Gould parle, de la dévotion, de l'émotion, de la dernière fugue, inachevée, de l'Art de la fugue :

"Dans tout ce que Bach a écrit, rien ne m'émeut plus que la dernière fugue, la fugue inachevée. Pas seulement à cause de l'émotion qu'elle provoque parce que nous savons qu'il est mort en la laissant inachevée, et déjà gigantesque. Mais parce que dans cette fugue ultime, il y a une paix, une dévotion qui atteignent, même pour Bach, des sommets indépassables".

Gould institue le nom de Bach en valeur d'éternité, pas le sien: il parle. Pour que Gould rejoigne Bach, il manque la force du témoignage, la parole de celui qui pourra dire "j'y étais". Or le pianiste n'est pas celui qui peut assurer la liaison culturelle entre le nom Glenn Gould, une histoire personnelle élaborée en fonction de ce nom (celle que le grand public peut imaginer) et sa gestion de l'émotion musicale. C'est bien une institution esthétique qui réalise cette liaison culturelle, c'est elle qui a isolé ses interprétations, qui les a enregistrées, reproduites, diffusées, commentées, c'est elle qui a institué les superlatifs, qui a procuré un statut ontologique au nom Glenn Gould, soustrait désormais à la temporalité de l'histoire des hommes. C'est par elle qu'il a été possible d'exposer Gould au clavier, de le questionner, de montrer qu'il était possible d'accéder à Gould en ignorant tout d'une histoire de la musique. Glenn Gould n'agit pas par lui-même : l'exégèse fait la révélation, le commentaire l'émotion. Mais "de ce que les individus se pensent comme uniques et séparés de la vie civile, il ne s'ensuit pas qu'ils le soient" (Auroux, 1990 : 87). Voici Gould en solitaire, mais montré : le témoignage de Bruno Monsaingeon le fait accéder au rang de Bach.

L'Art de la fugue, par Monsaingeon cette fois, voyant Bach dans Gould:

> "Lorsqu'on aboutit à cette extraordinaire signature de Bach (et Bach va mourir, et la fugue rester inachevée), j'ai vu Glenn Gould dans un état absolument second: il était perdu dans un autre monde, d'extase véritablement éprouvée à un point que j'avais jamais vu avec lui. J'étais extraordinairement ému. Et en même temps, il commentait. Et il m'a dit à un moment: "Jamais Bach n'a écrit quelque chose de plus beau, de plus intense. Il n'y a rien qui m'émeuve plus dans toute la musique que cet endroit". Et il jouait en même temps, et quelques secondes plus tard j'ai vu son visage crisser et il me dit: "Mais, il a fait une erreur de contrepoint à cet endroit là! Et s'il avait vécu, il l'aurait sûrement corrigée".
>
> C'est-à-dire qu'il avait (le fait d'aborder l'œuvre est en soi quelque chose d'intimidant), mais lui, il gardait une lucidité critique envers la partition, en dépit de sa monumentalité. Et je crois simplement que c'est parce qu'il était au même niveau. D'ailleurs quand il jouait, il était devenu Bach".

En quelques mots tout n'est-il pas ici suggéré de ce que serait une émotion musicale culturellement déterminée? Des troubles d'ordre neuro-végétatif font apparaître Glenn Gould dans un état absolument second, ému par Bach. Ces troubles bientôt gagnent

Bruno Monsaingeon, ému par Glenn Gould. Nous écoutons ce récit captivant : nous nous exposons à être émus à notre tour, par Bruno Monsaingeon. Mais là où chacun peu à peu perd pied, Gould, dans son monde, reste parfaitement lucide: il repère une faute d'écriture dans cette partition qu'il sait par coeur. Bien entendu, cela n'a rien d'extraordinaire : les étudiants de conservatoire sont familiers de l'exercice, et l'on songe volontiers à Boulez faisant corriger tel passage de son Sacre à Stravinsky. Mais l'on aime lire ici un signe : la preuve de ce que Gould et Bach sont tous deux au même niveau de connivence, au point que l'on peut les confondre en une seule et même personne. Et l'on repère une trace manifeste de cette symbiose : l'emprise émotionnelle qui agite Gould jouant Bach.

Bien entendu, l'émotion ne passe pas par Gould, pas plus que la fugue inachevée de Bach n'en contiendrait à l'état naturel (au niveau de la structure par exemple), mais l'idée que l'on se fait tout à la fois de l'émotion et d'une musique considérée comme "art d'émouvoir par la combinaison des sons " (Fétis, 1839 : 11) nous permet de voir en Gould le chantre d'une "incorrigible émotion" (Michel Dalberto). À la condition toutefois que le dispositif d'adresse devienne transparent.

L'écran invisible

C'est en cela que réside le travail du réalisateur : faire en sorte que chacun se sente concerné, que chacun adhère au discours de l'opinion affiché, susciter l'engagement, coordonner les implications émotionnelles, promouvoir Glenn Gould jouant Bach en spectacle de l'émotion. Telle est, selon Alain Lompech, la réussite des *Trente-deux films brefs sur Glenn Gould* de François Girard. Pour le critique du *Monde*, François Girard a fait œuvre de créateur, "il nous montre Gould". Girard érige Gould en figure de l'admiration en imposant sa signature, il masque le dispositif discursif en faisant œuvre d'auteur. Et de même qu'il retrouve Bach quand il écoute Gould dans Bach, Alain Lompech se plaît à voir Gould tel qu'en lui-même en regardant Girard dans Gould. L'adhésion suppose cependant que préexiste un dispositif d'évaluation qui permette à chacun de mesurer le film à l'aune d'une idée de Gould forgée par une opinion préalable. Le risque serait alors que le spectateur ne puisse rabattre le spectacle proposé sur une matrice esthétique dont il a d'avance fait choix. Or, tel est le cas des critiques de *Télérama*, qui renversent l'appréciation. Visionnant le film de Girard, Catherine Portevin estime en effet que le dispositif demeure trop saillant : l'émotion ne perce pas. L'emploi des superlatifs vise à manier l'ironie :

> "Comme Glenn Gould était un très grand pianiste, comme c'était un homme très très intelligent, il faut pour l'évoquer des dispositifs très très compliqués, des discours très très subtils, des images très très sophistiquées qui, peut-être, raviront les happy few qui adorent ne rien comprendre.
>
> Le film de François Girard (...) n'échappe pas à cette forme de bêtise propre aux aficionados un peu trop doués. (...) Le tout, scénarisé et rejoué, par des comédiens qui ne rendent le personnage de Glenn Gould ni attachant ni cohérent: juste un fou dont on nous dit qu'il est génial. Et la musique, pauvre musique assourdie par tant de prétention, jaillit entre deux conversations sur le café (avec crème ou sans sucre)" (*Télérama*, 10 novembre 1993).

Catherine Portevin s'en prend aux dispositifs, aux discours, aux images. Elle les juge compliqués, subtils, sophistiqués. Le montage fait écran à la communication émotionnelle, il ne restitue pas le Gould attendu. Le dispositif d'adresse se fait par trop repérable: la conséquence du montage est "un film", et non "Glenn Gould". La réalisation de Girard entre en conflit avec un corps de prédicats attribués au personnage Gould et qui le constitue en autoréférence, Gould en lui-même. Au discours opaque de Girard, Catherine Portevin préfère la transparence de Monsaingeon: "Le film simple et lumineux que mérite Glenn Gould est dans l'émission suivante. Précipitez-vous à 22.15 sur l'intégrale des "*Variations Goldberg*". Du Glenn Gould enfin" (ibid.).

La réussite du réalisateur tient à ce qu'il sait susciter de la part du téléspectateur cet acte délibéré d'imagination par lequel il franchit l'obstacle du dispositif d'adresse pour se laisser émouvoir par Gould au piano. Ici, la simplicité prêtée au film rejoint l'austérité postulée de la vie d'ascète, la lumière de l'hommage rejoint celle du grand nord, la pureté du discours de Bach celle du lac Simcoe : le film est tout entier mesurable à l'aune d'une matrice familière. Comment s'étonner alors de ce que Gould soit agité par une vive émotion quand il joue Bach ? Et comment ne pas être, à notre tour, émus par ce spectacle quand s'efface notre conscience du dispositif d'adresse ? Monsaingeon nous montre Gould tel que l'on aime à le concevoir : possédé, unique, solitaire, émouvant. Gould précédé de sa réputation, qui administre notre croyance commune en La Musique. Et Monsaingeon dans Gould, maniant la fiction de l'intimité pour nous faire adhérer au spectacle de l'émotion, Monsaingeon en sujet de l'énonciation, exégète ému qui, par l'émotion, nous mène à Gould. À condition de bien vouloir le suivre.

Références bibliographiques

AUROUX, S.
1990 *Barbarie et philosophie*. Paris : Presses Universitaires de France.

BERNHARD, T.
1986 *Le Naufragé*. Paris: Ed. Gallimard (trad. de l'éd. all. de 1983).

BOLTANSKI, L.
1993 *La Souffrance à distance. Morale humanitaire, médias et politique*. Paris : Éditions Métailié.

BOULEZ, P.
1966 "Moment de Jean-Sébastien Bach", in *Relevés d'apprenti*. Paris: Ed. du Seuil : 9-25.

CANDE, R; de
1984 *Jean-Sébastien BACH*. Paris : Édtions du Seuil.

CHEYRONNAUD, J.
1992 "Sacré à plaisanteries? Notes pour servir à l'étude de formes parodiques", *Ethnologie française*, 3 : 291-301.

DUCROT, O. et all.
1980 *Les Mots du discours*. Paris : Les Éditions de Minuit.

ESCAL, F.
1979 *Espaces sociaux, espaces musicaux*. Paris : Payot.

FAVRET-SAADA, J.
1990 "Etre affecté", *Gradhiva*, 8 : 3-9.

FETIS, F. J.
1839 *La Musique mise à la portée de tout le monde*. Bruxelles: Société belge de librairie, etc. Hauman et compagnie.

FRIEDRICH, O.
1990 *Glenn Gould, a life and variations*. Toronto : Lester and Orpen Dennys Ltd.

GENETTE, G.
1994 *L'Œuvre de l'art. Immanence et transcendance.* Paris : Editions du Seuil.

GOULD, G.
1983a *Le dernier Puritain. Ecrits 1, réunis, traduits et présentés par Bruno Monsaingeon.* Paris : Librairie Arthème Fayard.
b *Entretiens avec Jonathan Cott. Traduit et présenté par Jacques Drillon.* Paris : Ed. Jean-Claude Lattès (trad. de l'éd. ang. de 1977).
1985 *Contrepoint à la ligne. Ecrits II, réunis, traduits et présentés par Bruno Monsaingeon.* Paris : Librairie Arthème Fayard (trad. de l'éd. ang. de 1964).
1986 *Non, je ne suis pas du tout un excentrique. Montage et présentation de Bruno Monsaingeon.* Paris : Librairie Arthème Fayard (trad. d'articles parus en ang. entre 1956 et 1981).
1992 *Lettres.* Paris : Christian Bourgois éditeur (trad. de l'éd. ang. de 1992).

GUERTIN, G.
1988 Textes réunis et présentés par) *Glenn Gould pluriel. Préface de Yehudi Menuhin.* Verdun, Québec : Louise Courteau éditrice.

HENNION, A.
1993 *La Passion musicale.* Paris : Editions Métailié.

HERVIEU-LEGER, D.
1993 *La Religion pour mémoire.* Paris : Les Editions du Cerf.

LABORDE, D.
1994 "Des Passions de l'âme au discours de La Musique", *Terrain*, 22 : 79-92.

RAFFMAN, D.
1993 *Language, music and mind.* Cambridge, Massachusetts : The MIT Press.

SCHLANGER, Judith
1992 *La Mémoire des œuvres.* Paris : Ed. Nathan.

SCHNEIDER, M.
1988 *Glenn Gould. Piano solo.* Paris : Ed. Gallimard.

VEYNE, P.
1983 *Les Grecs ont-ils cru à leurs mythes ?* Paris : Éd. du Seuil
ZILSEL, E.
1993 *Le Génie. Histoire d'une notion de l'Antiquité à la Renaissance. Préface de Nathalie Heinich.* Paris : Les Éditions de Minuit (trad. de l'éd. all. de 1926).

CHAPITRE 3

La dernière fugue de Bach

Le jour se lève, vague[1]

Le mot motif n'est pas de ceux qui jouissent d'un grand prestige dans les glossaires musicologiques ou ethnomusicologiques. C'est un mot discret. L'usage en a scellé une signification et il paraît inutile d'en affiner *ad infinitum* une spécification sémantique. C'est en vain que l'on chercherait quelque traité érigeant le motif en point origine d'un vaste programme de vérités musicologiques ou ethnomusicologiques. Le mot motif ne nourrissant pas de traditions de pensée antagoniques, on ne trouvera pas de querelles du motif, pas de polémiques, pas de heurts. Un mot sans vague.

Le dictionnaire usuel lui consacre une acception musicologique, l'ouvrage spécialisé la consacre, sans s'y attarder. Dans sa *Science de la musique*, Marc Honegger offre une page entière au mot thème, six lignes au motif. Un personnage conceptuel peu encombrant.

L'évidence de son parcours lexicographique n'a d'équivalent que son obstination à ne jamais voyager en solitaire. Dans le commentaire musical, rarement en effet le nom apparaît seul. Accompagné de son adjectif, le motif est thématique, harmonique, rythmique, mélodique

---

[1] Ce travail est dédié au Professeur Jean-René Zorn.

ou contrapuntique. Et si l'adjectif qualifie, c'est pour mieux souligner qu'il s'accorde à un nom qui demeure, immanquablement, premier. Le motif est un toujours-déjà-là sur quoi l'on bâtit l'analyse. L'élément intrinsèque de tout discours musical ? Une molécule de musique.

Car le motif n'est pas une forme. Il n'est pas non plus un genre. Le motif est partout. Il se repère avec une égale certitude dans l'opéra, la symphonie, le ricercar, la sonate, l'œuvre ouverte ou la fugue. Identifié à l'audition, il est circonscrit dans la partition. Son incontournable caractère opératoire fédère le consensus et relègue tout travail du soupçon dans les marges d'une réflexion académique. Le motif est avant tout instrument à faire des mondes.

Sans doute aurait-il dès lors été autrement lucratif d'examiner ici le *Leitmotiv* wagnérien. Non que Richard Wagner ait été le seul à user d'un tel procédé, mais ses opéras ont acquis valeur de référence et lui ont procuré une réputation de maître. Mieux que quiconque Wagner sut associer à tel personnage (Tristan, Isolde), à tel objet (l'épée de Siegfried) ou à tel thème (l'amour, la tendresse, la mort) une phrase musicale, un motif conducteur (*Leit-motiv*) en lui conférant la force d'un commentaire auctorial. Ce procédé permet de renseigner sur les états d'âme des personnages, de rythmer le déroulement du drame, de nourrir le discours musical d'analepses narratives (anticipations, rétrospections). Le *Leitmotiv* indéniablement se prête à l'aventure, et l'on aurait pu conjecturer longuement sur Isolde s'adressant à son époux, le roi Marke, en chantant sur le *Leitmotiv* de Tristan (l'auditeur comprend bien où vont à ce moment les pensées d'Isolde, mais le roi, qui n'a pas accès à cette référence, est exclu de la relation de connivence que Wagner instaure entre Isolde et l'audience). On aurait pu encore étudier, après bien d'autres, le personnage de Tristan. Tristan triste, resté seul, qui chante sur un mode mineur ce *Leitmotiv* d'Isolde qu'il clamait naguère en majeur, quand il était avec elle. Mais l'étude de ces "poteaux indicateurs à l'usage des gens qui ne savent pas trouver leur chemin dans une partition" (Debussy, 1971 : 271) aurait contraint l'ethnologue à aborder un répertoire qu'il abhorre. L'excuse paraîtra mince, on en convient. Les goûts musicaux de l'ethnologue pourraient donc, délibérément, tenir lieu de principe heuristique ?

Fort heureusement, Françoise Escal nous fournit un alibi quelque peu providentiel. Dans le bel article qu'elle a consacré au thème dans la musique classique[2], elle insiste en effet sur la nécessité de

---

[2] Faisant écho à la publication au mois de novembre 1985 du numéro 64 de la revue *Poétique* consacré à ce thème, la revue *Communications* avait fait de son numéro 47 des *Variations sur le thème*. Il s'agissait de publier les communications présentées en

distinguer le *Leitmotiv*, qui s'apparente au thème, du motif, qui est un "élément de syntaxe musicale, composant de la forme" (Escal, 1988 : 105). Nous opterons donc pour la syntaxe musicale, en préférant Jean-Sébastien Bach à Richard Wagner, et *L'Art de la fugue* à une chevauchée de walkyries.

Ce bref excursus dans le monde du *Leitmotiv* aura toutefois permis de pointer, comme *a contrario*, l'impossibilité où l'on se trouve de parler du motif "en soi". Car si l'on se risque parfois à appréhender le thème comme "une unité signifiante (qui) se laisse circonscrire, délimiter dans son être-là, à la surface de l'énoncé" (Escal, 1988 : 195) au point de le rendre, "en tout état de cause, immanent" (id.), il n'en va pas de même du motif. Pris dans de multiples réseaux de déterminations, le motif ne présente pas une univocité de sens. Son immanence paraît, en tout état de cause, trompeuse, et l'on ne saurait envisager de l'étudier "en soi". Le motif s'appréhende en situation. Sans autre justification que cette part active que prend l'ethnologue, comme l'un des protagonistes de ce dont il entend rendre compte, nous avons donc choisi un compositeur, Jean-Sébastien Bach, une forme, la fugue, une fugue, celle, inachevée, de *L'Art de la fugue*, la dernière, un motif enfin, si bémol-la-do-si bécarre, ce qui, en notation allemande[3], se lit B-A-C-H.

---

juin 1986 lors d'un colloque organisé conjointement par l'EHESS, le CNRS et le Centre culturel canadien de Paris. Ce colloque avait eu pour but de travailler cette relation de dépendance qui unit le message au thème, et d'examiner la façon dont cette relation est envisagée dans divers champs des sciences de l'homme. Deux articles fort intéressants étaient alors consacrés au thème musical, celui de Françoise Escal que nous venons d'évoquer, et celui de Jean-Yves Bosseur, *Thèmes et thématiques dans les musiques d'aujourd'hui*. On signalera par ailleurs qu'au même moment la revue *Analyse musicale* consacrait son numéro 13 du mois d'octobre 1988 au thème dans le déploiement de l'œuvre musicale. Ainsi une pensée scientifique se construit-elle d'une attention convergeante et synchrone portée à des mots-problèmes (Gérard Lenclud, 1994 : 25) auxquels les revues spécialisées consacrent leurs numéros thématiques.

[3] Contrairement au système latin qui depuis la fin du Xe siècle, à l'initiative du moine Guido d'Arezzo, désigne les notes par la première syllabe de l'hymne à la Saint-Jean dont chaque verset commence par les sons conjoints de la gamme majeure, ut-ré-mi-fa-sol-la-si (le do remplaça l'ut vers 1640), les pays anglo-saxons ont recours aux lettres de l'alphabet, avec de légères différences entre le système anglais et le système germanique. Voici quelles sont les équivalences pour le système allemand qui, ici, nous intéresse : A (la) B (si bémol) C (do) D (ré) E (mi) F (fa) G (sol) H (si bécarre). Ce principe donne lieu à tous les cryptogrammes musicaux imaginables : B-A-C-H (si bémol-la-do-si bécarre), A-B-E-G-G (la-si bémol-mi-sol-sol), du nom des variations que Robert Schumann composa en 1830, H-A-Y-D-N (si-la-ré-ré-sol) par conversion des lettres en base huit, ou encore F-A-U-R-É (fa-la-sol-ré-mi).

Que se passe-t-il lorsque l'analyse musicale nous fait repérer un motif ? Nous cherchons à circonscrire sa place dans la phrase musicale, à définir sa fonction dans l'économie de l'œuvre. Cela signifie, notamment, que l'analyse de la partition inclut la désignation, parmi d'autres, de cet élément formel particulier qu'est le motif. Aussi discrète que le mot lui-même, cette opération semble aller de soi. Posée comme liminaire en ce qu'elle détermine l'horizon d'une compétence, socialement évaluée à l'aune d'une présomption de connaissance, elle capte peu l'attention des spécialistes. C'est par ce prisme pourtant que l'on propose d'étudier ici le motif. Comment nous y prenons-nous, dans l'analyse musicale, pour appliquer une référence identifiante à un élément formel[4] ? Cette démarche implique en préalable de mesurer cette "idée de motif" qui préside à toute démarche analytique et, pour cela, de consulter les ouvrages qui œuvrent à une stabilisation sémantique du terme.

Par l'œil ou par l'oreille ?

La question fut posée par Yizhak Saddai dans l'article qui, en 1985, inaugurait la parution de la revue *Analyse musicale*. Y. Saddai voulait que son article fût un prolongement aux appels incessants que Pierre Schaeffer avait lancés pour une prise en compte de la perception auditive dans les procédures d'analyse musicale : "L'erreur la plus courante de l'analyse est de se fonder sur une notation - la partition - qu'elle prend comme réalité objective alors que l'écrit ne peut restituer la réalité audible. Il serait préférable d'observer la musique à travers notre écoute" (Saddai, 1985 : 3). Quelques pages plus loin, la revue publie un entretien avec Simha Arom. Là, l'ethnomusicologue explique au contraire à quel point l'écriture est pour lui un outil précieux pour l'analyse des musiques centrafricaines. Simha Arom

---

[4] Cette étude voudrait ne rien occulter des larges emprunts aux travaux de P. F. Strawson qui ont conditionné le type d'attention que nous avons choisi de porter au motif. Au moment d'aborder en effet le motif musical, la question de la référence nous est apparue cruciale au point d'orienter notre regard pour préférer à une approche sémantique hors contexte, une investigation des réseaux associatifs où le mot motif se trouve engagé. Et plutôt que de chercher à légiférer en la matière, de dire ce qu'est un motif, ce qu'il devrait être ou ce qu'il n'est pas, nous avons ainsi choisi d'observer la façon dont chacune des énonciations du mot motif sert à appliquer à un élément de la syntaxe musicale une référence identifiante (cf. infra bibliographie Strawson, 1977 : 91-113).

écoute les musiciens : "Je m'efforce de montrer comment ils fonctionnent. Pour cela, je note ce qui pour moi n'est pas identique, tout en indiquant que cela l'est pour eux. Par exemple, je dresse l'inventaire de soixante-quinze réalisations différentes d'un même motif et j'indique que cela reste pour eux la même chose" (Arom, 1985 : 37). Dans ces conditions, l'écriture est cet outil qui permet de distinguer le semblable et le différent, de discerner, de comparer, d'analyser, de qualifier des modes d'existence distincts d'un même motif. Pour Simha Arom, l'écoute est un travail d'approche, une imprégnation progressive; pour Yizhak Sadai, elle est ce que toute analyse musicale devrait travailler en priorité. Sans doute ce attitudes ne sont-elles pas exclusives l'une de l'autre. On pourrait aisément concevoir qu'elles marquent deux moments d'un travail commun d'analyse. Elles sont pourtant communément érigées en pôles opposés de l'investigation, au point de forger un clivage conceptuel dans lequel chacun se voit sommé de prendre position. Comment, dans ce cadre, appréhender le motif ? Par l'œil.

Le Robert ne cultive d'ailleurs aucune ambiguïté. Dans son acception musicologique, le motif est une "phrase ou passage remarquable par son dessin (mélodique, rythmique)". Les adjectifs étant rangés entre parenthèses, l'axe définitoire passera par trois substantifs : phrase, passage, dessin. Trois substantifs qui ressortissent à l'écriture. C'est en cela que l'axe définitoire devient remarquable et le motif identifiable. L'ensemble des opérations d'écoute[5] se voit

---

[5] Il conviendrait de préciser ici toutefois que le partage entre l'œil et l'oreille ne recouvre pas exactement le partage analyse auditive/analyse de la partition. Mikel Dufrenne a remarqué de longue date à quel point les deux ordres (la vue, l'ouïe) sont mêlés dans toute activité de perception (infra bibliographie Dufrenne, 1987). Comment concevoir une écoute pure de toute *contamination visuelle* ? Ou une analyse de partition pure de toute *image sonore* ? Dans l'article qu'il consacra naguère au rapport entre *Musique et institutions au "village"* (infra bibiographie Cheyronnaud, 1984), Jacques Cheyronnaud signala à quel point une musique n'est pas seulement à entendre, mais à voir. Commode lorsqu'elle se voit diffractée par la partition, la dichotomie entre l'œil et l'oreille s'estompe lorsqu'on prend en condération l'épaisseur de la réalisation vive. L'écoute ne saurait alors se réduire à une pure activité de perception auditive. Toute pratique musicale donne autant à voir qu'à entendre : "ne met-elle pas en jeu des protagonistes (chanteurs, instrumentistes) plus ou moins affichés (marqués) dans leur rôle ou leur fonction par leur tenue vestimentaire, par exemple, engagés dans un environnement physique (modes d'occupation et de codification de l'espace sélectionné), se livrant à une gestuelle (manipulatoire, posturale) autour d'objets (instruments de musique, cahier de chansons, livre de chant ou, plus globalement, partition) ?" (Cheyronnaud, 1984 : 266). D'où la conclusion qu'il convient de tirer de telles observations : "l'œil et l'oreille transforment l'occasion

encadré par les parenthèses de la série adjectivale : (mélodique, rythmique). Faut-il y voir une approximation ? une curiosité ? un trait inhérent à toute mise à statut d'objet du motif ? Promenons d'abord notre regard sur l'axe des substantifs : phrase, passage, dessin.

La phrase est communément définie comme "un tout". Un tout sémantique, aisément isolable, et qui relie entre eux divers éléments par des liens de solidarité morpho-syntaxique. Ce cadre définitoire, très large, semble faire aujourd'hui unanimité. Si Saussure contestait volontiers que la phrase fût une unité linguistique, du moins revendiquait-il son ancrage dans le langage et la considérait-il comme un type particulier de syntagme[6]. Une linguistique générative volontiers reconduira l'acception. Elle substituera à la parole la performance et dessinera un indicateur syntagmatique, arbre de connexions qui autorise la formalisation de toute analyse distributionnelle ou intégrative. On peut varier les approches, affiner les outils, échanger les termes, en inventer d'autres, dans tous les cas, la phrase marque un seuil. "Avec la phrase, une limite est franchie, nous entrons dans un autre domaine" (Benveniste, 1966 : 128). Elle est un niveau incontournable de toute analyse linguistique, l'unité supérieure par rapport au mot. "La phrase se réalise en mots, mais les mots n'en sont pas simplement les segments. Une phrase constitue un tout, qui ne se réduit pas à la somme de ses parties; le sens inhérent à ce tout est réparti sur l'ensemble des constituants" (id. : 123) : un segment de discours. Toute saisie définitoire passera dès lors par une nécessaire investigation des modalités dont elle est susceptible dans le discours. "On reconnaît partout qu'il y a des propositions assertives, des propositions interrogatives, des propositions impératives, distinguées par des traits spécifiques de syntaxe et de grammaire, tout en reposant identiquement sur la prédication. Or ces trois modalités ne font que refléter les trois comportements fondamentaux de l'homme parlant et agissant par le discours sur son interlocuteur : il veut lui transmettre un élément de connaissance, ou obtenir de lui une information, ou lui intimer un ordre. Ce sont les trois fonctions interhumaines du discours qui s'impriment dans les trois modalités de l'unité de phrase, chacune correspondant à une attitude du locuteur" (ibid.: 130). Peut-on pour autant assigner à la phrase un régime d'existence qui lui serait propre ? Il est permis d'en douter. Mais, plus

---

de musique en un spectacle où s'enchevêtrent ou se frôlent décor et fonctionnalité, 'choses à voir' et 'choses à entendre' "(id.). Oserait-on suggérer ici que l'analyse de la partition pourrait se comprendre comme une occasion (l'une parmi d'autres) d'une mise en spectacle de la musique ?

[6] Cf infra bibliographie Saussure, 1972 : 148 et 172 pour la discussion sur ce thème.

près de nous, Béatrice Damamme Gilbert a montré à quel point la phrase se laisse aisément circonscrire, en ce qu'elle est un "segment linguistique compris entre deux signes de ponctuation forte (parmi lesquels : le point, le point d'exclamation ou d'interrogation et les points de suspension) et encadré également par deux lettres majuscules - à l'initiale du premier mot de ce segment et à l'initiale du premier mot du segment qui le suit" (Damamme Gilbert, 1991 : 75). Unité syntaxique de référence qui s'émancipe dans l'espace réglementé de la page d'écriture, la phrase est unité de linguiste.

Sans doute à la phrase pourrait-on alors préférer le passage remarquable dont le dictionnaire fait un deuxième marqueur définitoire du motif. Il nous ferait assurément prendre quelque recul par rapport à l'inscription graphique. Un passage est ce qui relie. Reliant, il est ce qui marque. Il signale, pointe, dessine, entérine une séparation. Le passage est ce segment clairement circonscrit qui sépare en même temps qu'il relie un point à un autre, qui délimite en même temps qu'il agrège, qui autorise un va-et-vient en même temps qu'il fige un détour. En ce qu'il autorise un retour en arrière, permet la comparaison, un passage est affaire d'inscription dans l'espace. Tout comme le dessin, troisième substantif sur l'axe définitoire. Le dessin marque une superficie. Il organise une surface au moyen de signes graphiques et son inscription scripturaire fait sa raison d'être. Que dire alors d'un motif saisi ainsi ? Défini à la fois par la phrase, le passage et le dessin, le motif musical serait-il un monopole d'écriture ? Cette partition qui sédimente un fait musical en une trace graphique serait-elle ce lieu, privilégié, dont le motif aurait fait son site ?

Les ouvrages spécialisés confirment l'hypothèse. Dans sa *Science de la Musique*, Marc Honegger en fait un "élément de la syntaxe musicale possédant un sens expressif propre et qui confère un aspect caractéristique à un thème ou à une phrase mélodique". Michael Kennedy, dans *The Oxford Dictionary of Music*, fait du motif "la plus courte figure mélodique ou rythmique intelligible et existant par elle-même". Et il résume la définition proposée ailleurs par le *New Grove Dictionary of Music* en voyant tout passage musical comme "un développement du motif". Lorsqu'à son tour Pierre Doury, alors professeur à l'Ecole nationale de musique de Saint-Maur, élabore sa *Grammaire de la langue musicale*, il distingue cinq entités structurelles (période, phrase, membre de phrase, incise, mot) et fait de cette dernière, le mot, l'équivalent du motif, "l'élément de base du langage ; son unité rythmique est indivisible; le mot musical, c'est le motif" (Doury, 1971 : 6). On parle alors de syntaxe, de phrase, de langage, de mot, de figure. On ne quitte à aucun moment le registre linguistique du dictionnaire usuel. Le motif serait-il un fait de linguiste ? Et le linguiste deviendrait-il en quelque manière cet archonte éponyme de toute forme d'intelligibilité à label scientifique convoité[7] ? Le motif musical ne serait-il jamais qu'un pur décalque de motif linguistique ou, plus sûrement, la transposition au plan d'une syntaxe musicale de l'idée que tel musicologue ou tel compositeur se fait du motif linguistique ?

Ce que ces approches linguistiques laissent entrevoir cependant, c'est que, d'une part, le motif musical ne se trouve pas en position relative d'étanchéité par rapport aux acceptions que le mot est susceptible de recouvrir dans d'autres champs disciplinaires et, d'autre part, que les efforts lexicologiques semblent se figer en un jeu d'approximations dont l'on aperçoit rapidement le caractère aporétique. Que serait en effet, du seul point de vue méthodologique, un élément de syntaxe "possédant un sens expressif propre", dans la version de M. Honegger ? Ou encore, un motif dont P. Doury ferait "un élément de base du langage musical" ? Ne serait-ce pas risquer de prendre nos outils d'investigation pour des propriétés de l'objet ?

Sur un thème de Brahms...

C'est qu'il n'est pas nécessaire de définir le mot d'une manière rigoureuse pour s'en servir, diront les praticiens. Lorsqu'on évoque le motif, chacun voit bien ce dont il s'agit, cela suffit. Les dictionnaires et les encyclopédies livrent quelques indications, et peu importe qu'elles soient approximatives ou sous influence, peu importe que cette notion fonctionne à l'implicite, et plutôt que de pointer les

---

[7] Cédant sans doute à la magie nomologique de certains mots, nous reprenons volontiers ici les termes dont use Jean-Claude Passeron lorsqu'il étudie le fonctionnement du raisonnement sociologique. Nous nous référons tout particulièrement aux pages qu'il consacre à l'usage de cibles éponymes dans l'édification des théories sociologiques. Là, il considère les tentations policières visant à légiférer en matière d'appellations contrôlées comme autant d'opérations de contrôle sémantique illusoires. Lorsque le sociologue s'efforce d'examiner "le rôle de l'orthodoxie verbale dans la diffusion du label d'appartenance à la science vraie" (Passeron, 1991 : 142) ne serait-il pas, plus exactement, à la recherche d'un moyen d'administrer une croyance intéressée en la force organisatrice prêtée aux mots ? Ainsi, pensons-nous, du musicologue portant attention au motif musical. Lorsqu'il s'efforce d'en bloquer le sens, ne serait-il pas en train de rechercher dans le motif linguistique cette force organisatrice d'un mot qui, par translation d'un champ linguistique vers un champ musicologique, permettrait d'organiser un postulat : sa propre croyance dans *l'ordre du discours* musical ?

clivages, mieux vaudrait repérer ce qui rend le motif opérationnel. Tenons-nous donc du côté du consensus.

Dans les bibliothèques des conservatoires, les apprentis musiciens peuvent consulter le *Guide pratique d'analyse musicale* que Marie-Bernadette Dufourcet et Najim Hakim ont rédigé à leur intention. Il s'agit bien d'un guide pratique. Le motif est ici défini comme un "élément de la syntaxe musicale possédant un sens expressif propre, et qui confère son aspect caractéristique à un thème ou à une phrase mélodique. Le motif se décompose en éléments très brefs, appelés cellules". C'est cependant au mot "thème" que l'on trouvera une mise en situation du motif. Là, point de détour, l'ouvrage doit conduire à l'analyse. Et pour comprendre comment fonctionne un motif, il n'est que de lire le troisième *Intermezzo*, opus 117, de Johannes Brahms (voir page suivante).

Le thème de cet intermezzo est divisé en quatre membres de phrase. Le motif correspond ici au premier membre de phrase. Il irrigue de ses particularités rythmiques les trois autres. Une analyse détaillée de ce thème de Brahms souligne la fonction opératoire des outils convoqués dans l'investigation, ou plus exactement, le caractère opératoire des processus taxinomiques qui servent à élaborer de tels outils. On observe en effet ici, une mise en série de termes qui visent à saisir le fonctionnement syntaxique du thème, soit, dans un ordre de série croissant : note, cellule, motif, phrase, thème. A chacun de ces termes est associé un ensemble (souvent diffus) de facteurs d'identification. Il incombe alors au musicologue d'élaborer, puis d'expliciter, des critères susceptibles de faire percevoir telle cellule, tel motif, tel thème en les appliquant à l'étude de cette partition. C'est sa fonction d'exégète. Mais on comprend alors qu'il n'est pas absolument nécessaire que chacun des termes de la série soit défini d'une manière rigoureuse. L'analyse s'accommode de l'approximation et chaque terme n'en demeure pas moins opératoire. Les mots de l'analyse musicale font ainsi apparaître une constellation de termes qui jouent d'équilibre réciproque. Note, cellule, motif, phrase, thème, chacun prend signification de la position relative qu'il occupe par rapport aux autres termes de la série. Tout musicologue peut donc user du motif en apercevant la place toute relative qu'il occupe dans la série, quelque part entre la cellule et le thème. Et l'on peut alors fort bien s'accommoder de la posture irénique d'un Hugo Riemann qui suggère, dans son *Dictionnaire de la musique* traduit en français en 1931, d'envisager le motif comme "quelque chose comme le plus grand commun multiple d'une page musicale". Mot musical, page musicale : le motif n'échappe pas à son inscription graphique.

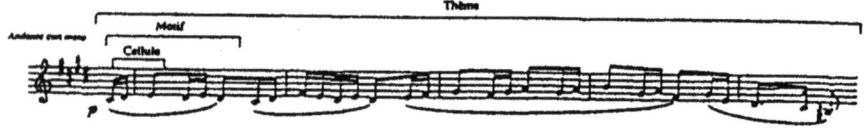

Brahms, *Intermezzo* opus 117

Quatre membres de phrase composent ce thème. Le premier de ces membres de phrase forme à lui seul un motif. Ce motif est exposé en anacrouse sur deux temps, et il est lui-même composé de deux cellules rythmiques (♩ . ♫ . ♪).
Le second membre de phrase dure lui aussi deux temps. Ce membre de phrase consiste en une reprise monnayée du motif précédent. Le monnayage tient à ce que le rythme ♫ du premier temps est remplacé par la succession de doubles croches (la première croche est monnayée en deux doubles croches, ♬). C'est l'ajout du fa# en appogiature du mi sur le premier temps qui entraîne cette modification du profil mélodique et rythmique. Le rythme initial du motif est ici transformé et devient :
♩ ♬ ♪

Le troisième membre de phrase est le plus long. Pendant deux mesures en effet (soit quatre temps) la cellule rythmique initiale est répétée dans un mouvement mélodique ascendant. Ce troisième membre de phrase est une amplification du motif exposé dans le premier. Ici, l'ambitus s'élargit. Cela signifie que l'intervalle entre la note la plus grave et la note la plus aiguë du mélisme est plus large. L'élargissement progressif de l'ambitus est d'ailleurs une constante dans la succession des phrases mélodiques : d'une tierce dans le premier membre de phrase, l'ambitus devient en effet d'une quarte dans le deuxième, puis d'une quinte ici dans le troisième, bientôt d'une sixte dans le quatrième et dernier membre de phrase de ce thème.

C'est alors que Brahms introduit un nouveau rythme dans sa cellule conclusive : ♫ . Cette conclusion suspensive (une demi-cadence en do# mineur avec repos sur la sensible si#) est conduite dans un mouvement descendant qui confère, à l'audition, une impression d'apaisement, une manière d'effacement. Le si# marque la fin du thème, et l'annonce d'un développement.

... ou de Beethoven

Conçu comme le plus grand commun multiple d'une page musicale, le motif n'est cependant plus seulement l'un quelconque des éléments d'une série de termes indifférenciés. Car il tire sa pertinence du fait que l'on en use pour induire une séparation dans la série, autoriser un passage, marquer un seuil. Le motif agrège des cellules. Il les rassemble, les conjoint, leur procure une cohérence. Telle est sa vertu intégrative. En même temps, il participe de la phrase musicale, organise le matériau thématique, sous-tend son exposition. Le voilà qui devient un "germe de formation thématique" (Riemann, op. cit.). Telle est sa vertu dynamique. De cette position janusienne, le motif tire d'énormes avantages. Cette double vertu, intégrative et dynamique, lui fait élire son lieu à l'encoignure d'une analyse microformelle (celle qui s'attarde sur des cellules, spécule sur les intervalles, recherche quelque "noyau rythmique", dissèque la composition des accords) et d'une analyse macro-formelle (celle qui raisonne en termes de thème, sujet, exposition développement, strette, cadence, qui s'intéresse au fonctionnement syntaxique de la partition). Le motif est ce pont qui relie deux niveaux d'analyse. Ce qui l'autorise à postuler sans ambages à une reconnaissance paradigmatique.

Dans l'épreuve d'analyse, le motif accède à ce haut degré d'évidence qui le fait communément considérer comme immanent. Au point que Riemann n'hésite pas à le promouvoir en "membre naturel de toute pensée musicale". Et il s'efforce d'en administrer lui-même la preuve dans cet article paru en 1895 : qu'est-ce qu'un motif[8] ?

Il analyse une symphonie de Beethoven, la neuvième. Il s'agit pour lui de déterminer à la fois la place des motifs et la façon dont le mouvement rythmique les dessine (leur fonction agogique). Démarche toute empirique. Une question le guide : "Est-ce que, dans le Scherzo de la IXe Symphonie est un motif ou pas ?" (Riemann, 1895 : 139). Non, répond-il aussitôt. Car les trois notes, trois "la", n'appartiennent pas au même motif rythmique. Si l'on prend en compte, non plus la

---

[8] "*Was ist ein Motiv ?*", communication publiée à Leipzig en 1895 dans un recueil d'articles du musicologue allemand Hugo Riemann. Cet article se veut orienté avant tout vers un usage pratique. Riemann veut conseiller les interprètes. Afin de prévenir toute erreur d'interprétation, il entend aider à "identifier en vue d'un usage pratique la mesure et le motif" (Riemann, 1895 : 149). Par l'analyse de thèmes de Beethoven ou de Schubert, il s'agit pour lui d'œuvrer à "une juste conception du motif" (id. : 139), et de montrer à quel point la notion est opératoire (cf. infra bibliographie Riemann, 1895).

mesure algébrique des durées à l'intérieur de chacune des mesures, mais les accents rythmiques, le motif n'est plus à considérer comme prenant appui sur le premier temps (♩. ♪ ♩) mais comme commençant par une levée sur le troisième temps (♪ ♩ | ♩.). La première note est alors simplement posée, comme un appel ayant fonction d'exorde. Il s'ensuit que le motif rythmique conçu par Beethoven[9] est décalé d'un temps et demi : c'est une anacrouse (une levée), et chaque motif commence sur le troisième temps de chaque mesure. Tous les motifs sont donc ici anacrousiques. Pour Riemann cependant, remarquer cela ne servirait à rien si l'observation ne devait avoir une incidence capitale sur l'interprétation du thème, dont on considérera désormais qu'il se décompose dans les motifs suivant :

En déplaçant ainsi les accents pour donner à entendre le motif rythmique qui, délimité de cette manière, caractérise cet incipit, l'interprétation gagne en légèreté, le Scherzo devient dansant. La délimitation du motif a pour l'interprète valeur de prescription. Mais la question qui subsiste serait la suivante : pourrait-on à ce point argumenter sur la délimitation du motif, fustiger les mauvaises interprétations, conseiller les meilleures, si le motif était un "membre naturel de tout membre de phrase" ? De ce point de vue, l'article sur la notion d'isométrie dans la musique du XIXe siècle que Karl Philippus Bernet Kempers publiait en 1963 en manière de réponse à Hugo Riemann est une façon de montrer à quel point, près d'un siècle plus tard, cette question demeure ouverte. En réalité, le motif ne saurait être considéré comme un trait naturel inhérent à toute phrase musicale et dont le musicologue n'aurait qu'à repérer les manifestations. Un tel "objet" nulle part n'existe en dehors du cerveau qui le pense et le formalise. Il est avant tout un outil et comme tel, se prête aux

---

[9] Un consensus sur l'intention prêtée au compositeur fonde en chaque circonstance l'autorité de l'analyse du musicologue et assure le gage de l'authentification académique de son montage allégorique. Sur ce mécanisme, décrypté cette fois dans l'analyse littéraire, on lira, non sans délectation, le retour qu'Antoine Compagnon opère sur ses lectures successives de Montaigne. Il croyait avoir chassé l'allégorie par la porte, la voilà qui rentre par la fenêtre. Comment une interrpprétation des œuvres du passé, quelle qu'elle soit, pourrait-elle en effet échapper au double faisceau de contraintes qui légitiment l'ordre politique et social ? (cf. Compagnon, 1993).

approximations, à la controverse et aux bons usages. Ainsi le motif jalonne-t-il une histoire de la fugue, de son émergence à sa stabilisation en une forme musicale.

La fugue

Un spectre hante la fugue : le spectre de l'imitation. Tous les théoriciens du langage musical ont uni leurs efforts pour traquer les occurrences de ce principe dans les âges de notre musique. L'imitation est ce point commun entre le *Miserere* de Josquin des Prés et le second mouvement de la *Symphonie des Psaumes* d'Igor Stravinski, entre un *ricercar* d'Andrea Gabrieli et la *Musique pour instruments à cordes* de Bela Bartok ou entre le *Deo Gratias* de Johannes Ockeghem et la *Musique pour cordes, percussions et célesta* de Bartok. Qu'est-ce qu'une fugue ? "Le terme de fugue, au sens large, s'applique à toute œuvre musicale écrite en style d'imitations" (Bitsch, Bonfils,1981 : 3). C'est un principe fédérateur, "un lien solide" (id.), qui se voit confier une mission : attirer à lui, à la manière d'un aimant, tout ce qui dans l'histoire de la musique révélerait un dialogue des voix, un échange entre phrases musicales. Rien ne s'oppose dès lors à faire, par exemple, de la fuga du XIVe siècle une fugue et à l'instaurer en point origine d'une enquête sur les énonciations de l'imitation.

On repère en effet de fortes occurrences du mot fuga, fuite, dès l'aube du XIVe siècle. Son acception est rigide. La fuga qualifie un procédé d'écriture musicale qui consiste en la poursuite d'une même phrase mélodique par des voix différentes : un canon. C'est une forme d'imitation stricte, note par note, point par point aime-t-on à dire, ou point contre point. Cet usage du contrepoint fait d'une écriture en imitation une écriture contrapuntique. De ce principe d'écriture en canon, les italiens tireront la *caccia*, la chasse, poursuite cynégétique qui bientôt, dans cette Italie galante qui s'ouvre au Quattrocento naissant, laisse place à d'autres types de poursuites : à l'amant la première phrase, antécédent, à l'aimée la réponse, conséquent. Parfois les rôles sont inversés. Rarement. La mélodie reste la même, seules changent les paroles. Nous sommes en Italie, c'est de musique vocale qu'il s'agit. La *caccia* se chante en italien, pas en français. En France, elle ne connaît aucun succès. Au temps des querelles entre Ars antica et Ars Nova qui jalonnent le XIVe siècle, le canon avait été peu employé. Réservant ses spéculations compositionnelles au travail des récurrences rythmiques[10], Guillaume de Machaut n'en avait fait aucun usage. Et c'est dans les Flandres que le procédé s'enrichira au XVe siècle de nouvelles inventions. L'imitation libre entre en fugue. On assouplit alors les significations du mot pour le plier à l'usage. Il ne sera plus nécessaire que l'imitation soit rigoureuse pour mériter le label. L'art d'un Guillaume Dufay ou d'un Gilles Binchois émancipe la fuga du canon. Dans la chanson *Donne l'assault* par exemple, c'est l'incipit de la première voix qui est repris tour à tour par les autres voix. Quatre "do" forment ici un motif d'imitation :

Ce motif de quatre notes qui stimule un traitement thématique en imitation ne saurait cependant se comparer aux développements qu'un Johannes Ockeghem confère au même moment à ce mode d'écriture dans son *Deo Gratias* à 36 voix d'une étonnante complexité contrapuntique. Cet art de l'imitation impressionne. Il n'est pas un simple jeu rhétorique. L'élaboration de cette architecture permet de faire coïncider une écriture horizontale (l'imitation d'un thème dans toutes les voix) avec une cohérence verticale (le respect des règles harmoniques qui régissent le langage tonal). Un savoir-faire que l'on commente avec respect. Car l'art d'Ockeghem "fait pressentir par son

---

[10] Nous faisons ici allusion très brièvement au motet rythmique, qui consiste en la reprise à l'identique (donc en l'imitation) de groupes rythmiques tout au long d'une pièce musicale. Dans la mesure cependant où ce principe d'imitation concerne le rythme et non la mélodie, nul ne songerait à assimiler le motet rythmique à une fugue. Pour qui voudrait approcher davantage l'œuvre de Guillaume de Machaut, nous nous permettons de revoyer à la publication des actes tout à fait passionnants du colloque que l'Université de Reims lui avait consacré en 1978 pour commémorer le sixième centenaire de sa mort : *Guillaume de Machault, poète et compositeur*, Paris, Editions Klincksieck, 1982.

implacable mécanisme et son austère beauté les pièces analogues de L'Offrande musicale et de *L'Art de la fugue"* (Bitsch, Bonfils, 1981 : 26). Le respect que l'on voue à Ockeghem tire sa justification de ce qu'il annonce Bach, ce qui, dans le même mouvement, a pour effet d'inscrire Bach dans l'histoire de notre musique en point d'aboutissement de cet art de l'imitation. Un inventaire des formes d'imitation contrapuntique avant Bach doit nécessairement conduire à lui, d'où cet indispensable pressentiment qui fait apercevoir Ockeghem comme précurseur de Bach[11].

Dans cet art de l'imitation, le motif n'est cependant pas seulement ce qui permet de sceller une parenté entre des voix ou d'identifier les occurrences successives d'une même phrase musicale. Il nous renseigne tout autant sur le style de la composition. Un repérage des motifs permettra par exemple à Jeanice Brooks de déceler, dans telle chanson française du XVIe siècle, la trace d'une influence italienne[12].

---

[11] Ce mécanisme de la construction d'une cohérence "à rebours" a été étudié par nombre d'historiens, et je me permets de renvoyer notamment ici aux travaux de Paul Veyne ou de Michel de Certeau. Dans le domaine de l'ethnologie, des notions comme celle de rite, ou de tradition, se sont prêtées à l'analyse de mécanismes semblables, et je renverrai cette fois aux travaux de Gérard Lenclud sur ce dernier thème (Lenclud, 1994). Sur le terrain de l'analyse littéraire, on trouvera également une formulation fort stimulante de cette question dans l'ouvrage évoqué plus haut d'Antoine Compagnon (Compagnon, 1993). S'interrogeant sur la façon de parler de Montaigne aujourd'hui, Compagnon remarque qu'il n'est d'autre issue pour parler d'un auteur du passé que de le rendre actuel, c'est-à-dire anachronique : "n'oublions pas que c'est à travers les anachronismes et leur renouvellement permanent qu'une œuvre survit" (Compagnon, 1993 : 50). Pour qualifier ce mécanisme, Compagnon emprunte à Agrippa d'Aubigné sa notion d'apophétie, "une sorte de prophétie à l'envers" (id. : 46) : on construit une cohérence après coup, on lit l'Ancien Testament comme s'il annonçait le Nouveau Testament, on voit en Montaigne le précurseur de Rousseau, en Beethoven le précurseur de Brahms... en Ockeghem celui de Bach. Mais dans tous les cas, c'est le point d'aboutissement qui sert de référence et non le point origine.

[12] La notion d'influence, dans le domaine musical, s'apparente à cette construction d'une cohérence "à rebours" évoquée dans la note précédente. Jacques Cheyronnaud en a décrypté le mécanisme dans un article sur le lien entre musique et nationalisme. Comment établit-on une filiation stylistique ? Comment décide-t-on d'un rapport entre tel et tel compositeur ? Quel est ce mécanisme qui sous-tend l'utilisation de la notion d'influence lorsqu'on évoque, par exemple, le wagnérisme de César Franck ? Jacques Cheyronnaud le décrit comme un "mécanisme de relations entre quatre instances. En somme, quelqu'un (instance de celui qui qui profère le mot) dit quelque chose, postule, évalue (et qualifie) l'apparentement d'un individu (instance du renvoi : ici, Franck) avec ou à propos d'un autre individu (instance de 'référence' : ici, éventuellement Wagner), devant une autre instance (celle de l'auditeur, du lecteur). Proférer 'l'influence de' pourrait ainsi recouvrir un procès global de sélection (choisir,

Lorsqu'elle analyse la chanson d'Anthoine de Bertrand *Amour archer*[13], Jeanice Brooks remarque en effet que la phrase initiale "comprend deux motifs générateurs, fragments identifiables qui se voient répétés et contrastent" (Brooks, 1988 : 49). Du point de vue de l'analyse musicale, le motif délimite deux fragments. Un premier, associé aux mots *Amour archer*, comprend quatre syllabes. Il correspond, dans cette composition syllabique, à quatre notes. Le second, plus diffus, est perçu comme un ensemble de dessins mélodiques par lesquels le compositeur cherche à dépeindre les flèches de l'amour. Au point de vue de l'organisation formelle du discours musical, chacun des deux motifs motive des développements relativement succincts, qui permettent de partager la chanson en unités discrètes, en sections[14]. Le motif délimite. Dès lors, il stimule une écriture contrapuntique qui se nourrit de ce travail motivique par lequel le compositeur engage une "fragmentation mélodique et une mise en valeur de contrastes résultant de la juxtaposition de deux motifs" (id.). Ailleurs, le motif peut devenir "prétexte à un bref passage en imitations" (ibid.) ou, d'une façon plus ample et sous les traits cette fois d'une tierce ascendante suivie d'une quarte ascendante, permettre un traitement en imitation de l'ensemble du dernier vers du poème[15].

---

en référence, Wagner ou un déterminisme germanique), de positionnement (en instruisant un apparentement entre Franck et les références précédemment signalées), d'adresse et de qualification, en programmant la décidabilité d'un interlocuteur (l'auditeur, par exemple) sur l'intention que l'on 'veut' avoir en affirmant de tels apparentements : promouvoir ou disqualifier" (Cheyronnaud, 1991 : 96).

[13] Anthoine de Bertrand (v. 1540-1580) était un compositeur auvergnat qui apporta une contribution non négligeable à cet art de la composition polyphonique désignée au XVIe siècle par le terme générique, au singulier, de la chanson française. Il est notamment l'auteur de trois volumes de chansons publiés par alors par le célèbre éditeur parisien Le Roy et Ballard.

[14] "Le premier, une quarte ascendante de la finale fa à si, en semiminimes égales, est associé aux deux premiers mots du premier vers, "Amour archer", soit les quatre syllabes précédant la première césure. Le second, moins caractéristique, s'identifie à un ensemble de dessins mélodiques prenant pour appui les notes de l'accord de fa; de brefs et rapides fragments de gammes, qui parcourent la quinte fa-do, illustrent le vol - implicite dans le mot 'tirade' - des flèches de l'amour. Entre le premier et le second motif et les sections qu'ils déterminent, les différences sont grandes" (Brooks, 1988 : 49).

[15] "La mise en musique du vers 10 'qu'au plus chetifz me langueur porte envie', est remarquable, avec son motif de tierce ascendante-quarte ascendante, énoncé à toutes les voix et répété sous forme de marche par mouvement montant conjoint" (id. : 50).

Motif et imitation, de vieux regards existent entre eux. Ils dessinent une complicité que l'on se plaît à considérer comme naturelle. De leur rencontre serait née une pratique contrapuntique. Ainsi aime-t-on décrypter cette chanson d'Anthoine de Bertrand :

Issue du madrigal italien ou du motet dans lequel au XVe siècle excelle un Josquin des Prés, cette forme d'écriture serait-elle propre à l'écriture vocale ? Le principe d'imitation serait-il une particularité du discours vocal, ce par quoi une musique illustre les mots du chant ? Bien sûr que non. Il existe aussi une musique instrumentale contrapuntique. D'une part parce qu'il n'est pas rare d'entendre, en l'absence d'un chanteur, un instrumentiste jouer au cornet ou à la viole la partie manquante; d'autre part, parce que les organistes, clavecinistes ou luthistes cherchent à jouer sur leur propre instrument ces messes, motets et chansons que tout le monde chante. En 1531, l'éditeur parisien Pierre Attaingnant publie trois livres de *Chansons musicales reduictes en la tablature des orgues, espinettes,*

manichordions pour rendre ce répertoire vocal accessible aux instruments à clavier. Girolamo Frescobaldi, dans son *Secondo libro di toccate, canzone...* publie en 1627 une transcription ornée du madrigal de Jacques Arcadelt *Ancidetemi pur*. La pratique est courante et le style fugué caractérise bientôt toute une constellation de formes instrumentales : le *tiento* ou la *fantasia* dans la Péninsule ibérique, le *ricercar* ou la *canzone* en Italie, la *fantaisie* ou la *recherche* en France, le *fancy* ou la *volontary* Outre-Manche... Le motet, la chanson française et le madrigal nourrissent une multiplicité de formes instrumentales. Un principe les caractérise, l'imitation. Une règle les structure, forgée par l'usage.

Au cours des XVIe et XVIIe siècles, Antonio de Cabezon, Girolamo Frescobaldi, Dieterich Buxtehude, Jean Titelouze ou Samuel Pepys travaillent à l'assouplissement du principe d'imitation hérité de la *fuga* canonique. Le sujet de la fugue (*dux*) n'est plus un personnage immuable. La phrase musicale peut subir des inflexions, des modifications de rythmes, d'intervalles, de nuances. L'imitation peut ne pas reproduire à l'identique. Il suffit que quelques motifs demeurent reconnaissables pour que la réponse (*comes*) soit repérée comme usant d'un même matériau thématique que le sujet. Rien ne s'oppose à ce que des variations mélodiques ou rythmiques renouvellent l'aspect du sujet.

Sur la promesse d'une liberté conquise, le mot lui-même est promu à la pleine publicité des titres. En 1660, François Roberday publie ses *Fugues et caprices*. En 1650, Jean Denis introduit dans son *Traité de l'accord de l'espinette* un chapitre sur l'art de traiter les fugues. En 1685, Nicolas Guigault, organiste du Saint-Esprit des églises Saint Nicolas et Saint Martin des Champs à Paris, publie les trois volumes de son *Livre de Musique pour l'orgue* dans lesquels on ne compte pas moins de 61 fugues[16]. Gilles Jullien compose en 1689 une *fugue à 5*. Henry Purcell, Nicolas de Grigny, Johann Pachelbel, François Couperin travaillent à leur tour ce procédé, et Jan Pieterszoon Sweelinck compose à Amsterdam ses grandes fantaisies pour orgue qui portent à un haut degré de perfection cet art de l'imitation. Saura-t-on dire pour autant ce qu'est une fugue ?

La question achoppe sur les occurrences d'un terme qui, de façon large, vise à couvrir un ensemble de formes gouvernées par ce principe d'imitation. Le mot fugue sert à désigner ces compositions musicales où une attention particulière portée au motif permet de

---

[16] C'est à Claude Rivière, ethnologue certes, mais aussi éminent organiste, que je dois de m'avoir amicalement mis sur la piste des 61 fugues de Guigault...

travailler chacune des voix avec une égale importance. Ici, le motif est cet originel *Urtext* de quelques notes dont les récurrences irriguent le discours musical. Le motif est cet élément du thème (du sujet, dit-on dans la fugue) qui nourrit l'imitation, l'autorise et la légitime au regard d'une cohérence formelle. On perçoit bien cependant que, taillé de la sorte, l'aimant attire à lui beaucoup trop de formes musicales pour demeurer opératoire. Faute d'une spécification mieux affûtée, il perd de son efficacité taxinomique.

Considérer la fugue comme "une composition de style contrapuntique qui se fonde sur l'usage de l'imitation et la prépondérance d'un thème générateur, court mais caractéristique, nommé sujet" (Hodeir, 1951 : 52) permet-il de désigner à coup sûr ce qui est une fugue et ce qui ne l'est pas ? Oui, dans une certaine mesure. A condition d'avoir en tête quelques fugues dûment authentifiées à l'aune desquelles il sera possible de mesurer le degré de pertinence de la partition candidate au label[17]. Peter Schleuning, tente de nous tirer de l'ornière en proposant de considérer que la fugue est "seulement un morceau organisé librement à partir d'un principe de base avec des éléments structurants tantôt obligatoires, tantôt facultatifs" (Schleuning, 1993 : 46). Mais comment discuter de la pertinence des éléments ? comment décider de leur statut obligatoire ou facultatif ?

A vrai dire, la fugue ne se laisse guère circonscrire par des attributs intrinsèques. Tout au plus peut-on repérer des éléments qui permettent de caractériser une fugue, mais ce repérage se fait invariablement après coup. Le mot est opérationnel dès lors qu'il est actionné en régime jurisprudentiel. Il ne permet guère cependant de légiférer d'une manière prospective. La raison ? Elle est à chercher dans le fait que la fugue n'est pas le résultat d'une opération de discrimination du réel : elle est avant tout un outil et, comme tel, elle relève d'une instrumentation conceptuelle forgée en préalable. Une fugue n'est une fugue que parce qu'elle est désignée comme telle. Elle partage ses éléments caractéristiques avec d'autres formes musicals, le ricercar, la caccia ou le fancy. Pourtant, elle s'en démarque par l'usage que l'on en

---

[17] Cette familiarité acquise avec des fugues clairement repérées, c'est-à-dire désignées comme telles, dessine un savoir partagé, un implicite sur fônd de compétence postulée. La façon dont se forge cet implicite à bien des égards s'apparente à cette attitude commune à bien des professeurs de conservatoire lorsqu'ils se voient amenés à reprocher à leurs élèves, d'une façon à la fois déférente, confortable et captieuse, un manque de "culture musicale". Cette "culture musicale" ne serait-elle pas l'invocation d'un recours à l'expérience là où les critères objectifs font défaut pour justifier d'un contrôle sans faille des opérations taxinomiques ?

fait, et par les points communs qu'elle présente avec l'idée que l'observateur se fait de "la fugue", par la possibilité de rabattre la partition sur un idéal-type. Or quel sera cet idéal-type ? Celui qui naît d'une fréquentation assidue des œuvres de Bach. Car voilà le terme de cette ambitieuse fresque historique où l'on a fait se rencontrer d'une manière parfois abrupte Roberday et Machaut, le tiento et la canzonne, Ockeghem et Sweelinck, voilà cette figure emblématique où nous conduit un si vaste panorama : Bach. "Toute l'histoire du contrepoint converge vers l'œuvre de Bach. Il rassemble, résume et amplifie considérablement toutes les formes inventées par ses prédécesseurs. La fugue arrive chez lui à son apogée" (Bitsch, 1981 : 44).

Les multiples fugues de Bach

Toute sa vie durant, Jean-Sébastien Bach (1685-1750) a composé des fugues. Les deux recueils de son *Clavier bien tempéré* (dont chacun se présente comme une succession de 24 préludes et fugues dans toutes les tonalités possibles du langage musical) en constituent sans doute l'exemple le plus célèbre. Mais partout, dans tous les domaines de son activité créatrice, qu'il s'agisse de musique vocale ou de musique instrumentale, de compositions pour un instrument soliste ou pour un orchestre, Bach a été guidé par ce principe d'imitation. Quoi de plus naturel que de considérer les œuvres de la fin de sa vie comme celles du sommet, dès lors que sa vie est communément pensée depuis les travaux de son premier biographe, Johann-Nikolaus Forkel[18], comme un long cheminement vers une absolue perfection ? D'ailleurs, à ce moment, alors que la technique d'écriture est tout à fait passée de mode sous les coups de butoir d'une avant-garde (son fils, Carl Philipp Emanuel, ou Mozart, par exemple) qui se consacre à la mélodie accompagnée, à la symphonie, au maniement des masses orchestrales, à l'exploration des timbres d'instruments nouveaux, le pianoforte, par exemple, Bach ne compose que des fugues. Il ne se préoccupe même pas d'indiquer une instrumentation. Quels sont les instruments qui doivent jouer *L'Offrande musicale* ou *L'Art de la*

---

[18] Cf. infra bibliographie la traduction française publiée en 1981 du livre que Johann-Nikolaus Forkel consacra en 1802 à *la vie de Jean-Sébastien Bach*, premier ouvrage consacré au cantor de Leipzig. Sur l'idée d'un cheminement de Bach vers un idéal de perfection, on lira par exemple avec intérêt le chapitre dix de cette première biographie : perfection est alors synonyme de dépouillement.

fugue ? Nul ne sait. De quoi accréditer cette idée : que c'est bien "de la musique pure" que Bach composait, une musique didactique en même temps qu'un compendium de son propre savoir musical forgé par toute une vie dédiée à l'art, bref : *L'Offrande musicale*, composée entre 1740 et 1748, et *L'Art de la fugue* (1749), font partie des œuvres de la fin. Elles dessinent une musique que l'on voit absolue, pure, dégagée des contingences terrestres puisqu'elle échappe à toute nécessité d'une réalisation instrumentale, et demeurant, *par conséquent*, éternelle.

En travaillant toute sa vie durant à l'écriture de fugues, Bach aurait œuvré à la stabilisation des récurrences formelles qui permettent d'identifier une fugue : une exposition conduite sur le principe de l'imitation chacun des instruments (ou chacune des voix, expose tour à tour le sujet de la fugue (*dux*) ou sa réponse au ton de la dominante (*comes*) selon un ordre de succession qui n'est pas contraint), un développement libre qui exploite les motifs thématiques exposés en première partie, une strette enfin, dans laquelle les voix reprennent le sujet et sa réponse dans un ordre d'exposition plus rapproché et, souvent, en diminution, c'est-à-dire dans des valeurs rythmiques plus brèves que dans l'exposition. Voilà pour le principe que l'on dégage après coup. Ce principe permettra plus tard, bien plus tard, lorsqu'il s'agira à la charnière du XIXe et du XXe siècle d'enseigner la composition de la fugue dans les conservatoires, d'élaborer un idéal-type reposant sur ces quelques principes : la fugue d'école, cadre formel tripartite dans lequel tout étudiant se devra de ranger son ingéniosité et d'arranger les combinaisons de ses récurrences thématiques. Mais cette fugue d'école n'a d'intérêt que scolastique. Car si l'on procède à un inventaire des fugues composées par Bach, on rencontre bien peu de fugues dont la structuration formelle respecte ce plan élaboré par les professeurs de composition du XIXe siècle. Les fugues de Bach ne correspondent pas aux canons de la fugue d'école. Et si chaque fugue est construite avec des matériaux que l'on désigne par les mêmes noms (sujet, réponse, contre-sujet, sujet secondaire, strettes, épisodes transitoires), aucune ne ressemble à une autre[19].

Comment alors, après tant d'incertitudes, d'approximations et d'hésitations, serait-il possible de risquer une définition consensuelle

---

[19] Il est ainsi d'usage de distinguer dans les compositions de Bach six espèces, selon que la fugue est simple à un seul sujet (1), à plusieurs sujets sans superpositions thématiques (2) comme dans le cas du ricercar, à plusieurs sujets combinés (3), s'apparentant à une fugue-strette (4) ou à une fugue-canonique, un canon (5), ou à une fugue-miroir, écrite intégralement en contrepoint renversable (6), comme c'est le cas des fugues 16 et 18 de L'Art de la fugue, qui peuvent dès lors aussi bien se jouer à rebours.

de la fugue ? Etudiant l'œuvre de Bach, Marcel Bitsch et Jean Bonfils proposent une définition. A défaut d'être prescriptive, elle sera jurisprudentielle : une fugue sera un "libre développement en style contrapuntique d'imitation d'une cellule mélodique vivante (le sujet) selon un schéma dynamique précis associé à un plan tonal souple" (id.: 83). Cette forme que l'on dirait organique, faite de cellule vivante et de structure souple, est à son apogée chez Bach, et *L'Art de la fugue* à l'apogée de sa vie : un point d'orgue. Et un mythe.

L'Art de la fugue

Une œuvre dont on parle au superlatif : "le plus colossal effort qui ait jamais été tenté par un musicien de génie pour démontrer les possibilités de développement virtuellement incluses dans le thème le plus simple" (Chailley, 1971 : 5). "Là, tout est prodigieux, et d'abord l'air que l'on respire, limpide, décanté. Le moindre détail s'y cerne de lumière, y prend une saveur exquise. L'ombre même y est réservée, transparente, et privée de maléfice. Peut-être n'est-il pas d'ouvrage plus illuminé par un soleil spirituel, et par surcroît réalisant une osmose aussi inouïe entre objet et sujet, tout en maintenant de bout en bout une évidence qui bouleverse" (Marcel, 1961 : 163). "La noblesse du sujet principal, dont l'omniprésence confère à l'ensemble une impressionnante unité, la diversité des formes dans lesquelles ce sujet se présente et l'indescriptible aisance avec laquelle les voix se meuvent ensemble dans une sorte d'apesanteur, tout est fascinant, tout est émouvant dans cette pure beauté musicale" (Candé, 1984 : 323). A l'approche de la dernière fugue, les superlatifs prolifèrent : "la triple fugue inachevée qui termine l'œuvre compte parmi les pages les plus denses, les plus significatives et les plus émouvantes du maître de Leipzig" (Bitsch, Bonfils, 1971 : 111). Inachevée, cette fugue est la dernière. Comment pourrait-elle ne pas être celle dont l'on parle au singulier ? Le manuscrit aujourd'hui conservé à la Bibliothèque de Berlin en porte la mention apocryphe : "sur cette fugue, où se trouve le nom BACH en contre-sujet est mort l'auteur". Voilà la *Sterbestunde* de Bach, le moment final : Bach à l'œuvre apposant sous les notes sa signature B-A-C-H comme tête du dernier sujet de cette dernière fugue au moment où il achève son parcours parmi les mortels. La mort du génie à sa table de travail, sur une fugue qui met fin à quatre siècles de passion contrapuntique. Naissance d'un mythe, où l'on rencontre l'absence d'une numérotation des contrepoints successifs, l'absence de consignes instrumentales et une scène finale.

La dernière fugue de Bach

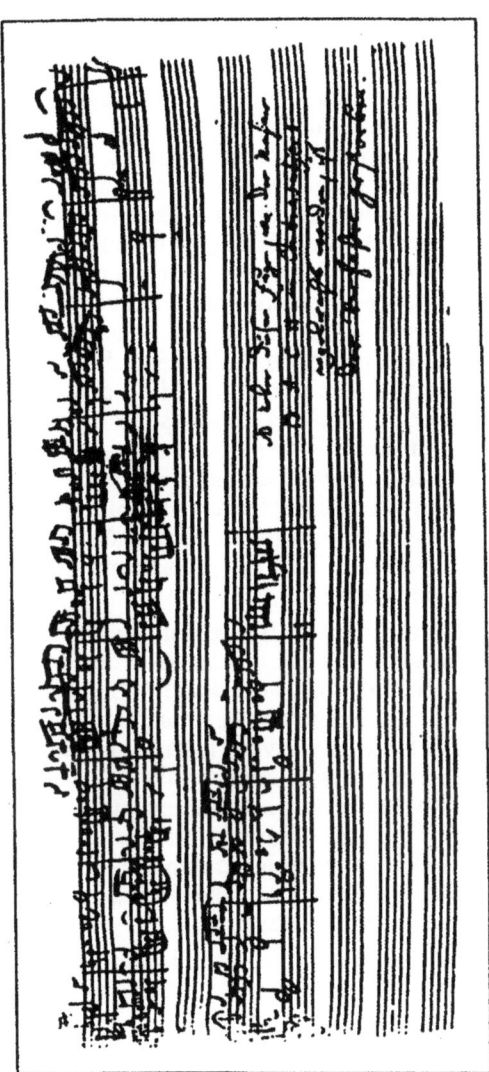

Dernière page du manuscrit autographe de L'Art de la fugue, conservé à la Staatsbibliothek de Berlin. Cette fugue inachevée sur le motif B-A-C-H porte en mention apocryphe : *"Ueber dieser Fuge, wo der Nahme BACH im Contrasubject augebracht worden, ist der Verfasser gestorben"*, sur cette fugue où se trouve le nom BACH en contre-sujet, est mort l'auteur. Cette mention a été portée par l'un des fils de Jean-Sébastien Bach, Philipp Emmanuel, qui hérita de la partition. Ainsi prit fin une existence terrestre et s'émancipa, près de deux siècles plus tard, un mythe tenace.

La nécessaire mise au point sur la date précise à laquelle Bach écrit les dernières notes de cette fugue alimente une vaste littérature érudite où l'on raisonne par contrainte logique. En 1750, Jean-Sébastien Bach mourra des suites d'une double opération de la cataracte tentée par un médecin anglais de passage à Leipzig, Taylor. D'où l'hypothèse : si cette opération fut rendue nécessaire tant la vue de Bach avait baissée, c'est que les difficultés du cantor n'étaient pas récentes. Les troubles oculaires de Bach n'étaient d'ailleurs ignorés de personne puisque, dès le début de l'année 1749, le comte-ministre de Dresde, von Brühl, avait envoyé un mot au bourgmestre de Leipzig afin de recommander l'un de ses protégés, Johann Gottlob Harrer, pour succéder à Bach pour le cas où il viendrait à décéder incessamment. Harrer était même venu à Leipzig faire entendre une de ses cantates le 8 juin 1749. Bach s'opposa alors de toute force à la présence du protégé du Ministre. Il obtint gain de cause. Mais voilà :de ce qu'en 1749 Bach ne voyait plus, de ce que le manuscrit de *L'Art de la fugue* est autographe et de ce que Bach, aveugle, pouvait donc difficilement continuer à écrire, l'on en conclut que *L'Art de la fugue* n'est pas la dernière œuvre de Bach. *L'Art de la fugue* fut vraisemblablement composé en 1748, et achevé (dans sa forme inachevée) au tout début de l'année 1749. Cette archéologie de *L'Art de la fugue* tient lieu de passage obligé de toute approche musicologique de l'œuvre.

L'Art de la fugue se présente sous la forme d'une suite de vingt-quatre canons et fugues dont vingt ont été conservés. Chacune de ces pièces porte pour nom, de la main de Bach, *Contrapunctus*, contrepoint. Mais le plan de l'ouvrage ne nous est pas parvenu, et nous ignorons dans quel ordre Bach aurait prévu d'interpréter ces fugues. Aussi l'établissement d'un ordre qui soit celui voulu par Bach fait-il partie des morceaux de bravoure des philologues attentifs et des éditeurs scrupuleux. Ils vont chercher dans la cohérence prêtée au discours musical ce fil d'Ariane qui les guidera dans le labyrinthe des contrepoints. Chacun s'efforce d'établir le singulier de l'œuvre, de restituer l'ordre logique de la succession des fugues.

Ainsi parmi les éditions de *L'Art de la fugue* publiées entre 1802 et 1967, on repère 16 classements différents. Cherchez-vous le *Canon alla duodecima* ? Il se trouve en n° 20 dans l'édition de Carl Czerny (Peters), en n°17 dans celle de Peter Williams (Eulenburg), en n° 17 dans l'édition originale, cependant que Jacques Chailley propose de le placer en onzième position. La succession des fugues alimente la polémique. La résolution de l'énigme s'affiche en titre : *Les problèmes d'ordre dans L'Art de la fugue de J. S. Bach résolus* (Buthler, 1983), *L'Art de la fugue, une œuvre cyclique. Histoire de son origine, première édition, principes de succession* (Bergel, 1985), *L'Art de la fugue de J. S. Bach : un plan à dé-chiffrer* (Corten, 1988b). Discours d'invective et de justification, chacun lutte pour une propriété intellectuelle et argumente de façon augurale. Impossible d'établir l'œuvre en un singulier : aucun Art de la fugue ne ressemble à un autre. Il ne passe jamais deux fois la même succession de fugues sous le même intitulé.

De là à considérer que *L'Art de la fugue* est un travail purement didactique et que l'ordre de succession n'a aucune importance puisque cette œuvre n'est pas faite pour être donnée à entendre, il n'y a qu'un pas que bien des musicologues ont franchi. Manfred Bukofzer suggère qu'il s'agit "d'un cours de fugue conçu pour dévoiler pas à pas les infinies possibilités inhérentes à un sujet neutre et à l'écriture fuguée en tant que telle" (Bukofzer, 1982 : 331). Il rejoint en cela l'avis de Norbert Dufourcq, qui se montre intraitable : "Faut-il insister sur l'obligation qui est faite aux musiciens soucieux d'observer la volonté de Bach, de ne point dénaturer *L'Art de la fugue* par une transposition sonore de ce monument ?" (Dufourcq, 1947 : 208). La volonté prêtée à Bach cautionne l'imprécation et nourrit l'exhortation : "Que le disciple, que le chercheur, que l'amateur, que le professionnel à toute heure du jour y puisent des exemples et les mettent en pratique. Qu'ils y recueillent ces modèles achevés dont ils auront à s'inspirer. Qu'ils y prennent des leçons de goût, de science, d'esprit, d'intelligence. On en convient. Et Bach le leur recommande. Mais plaise à Dieu qu'ils ne s'avisent pas de diffuser autrement son œuvre!" (id.). De la musique pure. René Leibowitz en 1951 n'hésite pas à faire œuvre d'alchimiste : "*L'Art de la fugue* contient plusieurs fugues qui possèdent certaines propriétés "secrètes (inversions, possibilités de superpositions de deux fugues l'une à l'autre, etc.) qui ne peuvent se rébéler qu'à l'initié. De plus les deux œuvres (l'Offrande musicale et *L'Art de la fugue*) sont écrites, en majeure partie pour être lues et en ce sens encore, elles s'adressent essentiellement à l'initié" (Leibowitz, 1951 : 31). Au point que les partisans d'une audition se voient contraints de se justifier, prenant le contrepied de René Leibowitz sur un ton parfois des plus condescendants : "Si les pièces de ce recueil prestigieux sont des modèles de composition dans la forme de la fugue et du canon, c'est aussi de la musique sublime qui laisse toujours sur l'auditeur, même le moins cultivé, une impression profonde" (Candé, 1984 : 323). Mais comment l'interpréter ? Sur quels instruments ? Là encore, Bach n'a rien indiqué. Pour Wolfgang Graeser, qui publie en 1924 un article sur *L'Art de la fugue* dans le Bach-Jahrbuch, "nous avons à faire là à une œuvre d'abstraction pure" (in Hoke, 1974 : 8). Mais il ne résiste pas à la tentation de l'audition.

Il en réalise une orchestration pour grand orchestre qu'il dirige cette même année à Leipzig. C'est la première interprétation recensée de *L'Art de la fugue* en ce siècle. Le mouvement est lancé : Prague 1926, Leipzig 1927, Tübingen 1929, Edimbourg 1931, Bâle 1937, Leipzig 1938, Berlin 1948, Dresde 1950... Et les critiques jaillissent. Professeur à l'Université d'Edimbourg, Donald Francis Tovey pense que la formation romantique du grand orchestre n'est pas adaptée à *L'Art de la fugue*. En 1936, il réalise et enregistre une version pour quatuor à corde, une formation qui "permet à l'auditeur d'entendre chacune des voix dans une parfaite clarté" (Tovey, 1949 : 75). Ce que conteste aussitôt Gustav Leonhardt. Le quatuor n'est pas une formation appropriée. Et, avant d'enregistrer à son tour la succession des contrepoints, il assure en 1952 que *L'Art de la fugue* est bien la dernière œuvre de Bach pour clavecin (Leonhardt, 1952). A chacun son Art de la fugue. Les interprétations dès lors prolifèrent, chacune plus juste que toutes les autres. Mais l'énigme demeure irrésolue, car chaque hypothèse vient buter contre cette dernière fugue, inachevée certes, mais signée.

La dernière fugue

Longtemps cette dernière fugue fut considérée comme une pièce rapportée. Elle ne ferait par partie de *L'Art de la fugue*. Philipp Spitta en avait en 1880 émis l'hypothèse, Albert Schweitzer la reprend en 1950 : "Alors que toutes les fugues de la Kunst der Fuge sont bâties sur le même sujet, la fugue inachevée contient trois sujets tout différents; Bach l'avait composée après avoir terminé *L'Art de la fugue*, mais sans la destiner à lui servir de suite" (Schweitzer, 1950 : 147). Norbert Dufourcq la reprend à son compte, accusant même le premier éditeur, Schübler, d'avoir "par ignorance des dernières intentions de Bach, joint à ce précieux corpus deux pages qui n'en doivent pont faire partie, dont une fugue inachevée à trois sujets, dont le troisième reproduit les fameuses lettres B (si bémol) A (la) C (ut) H (si)" (Dufourcq, 1947 : 208). La justification oscille entre les intentions prêtées à Bach et l'objectivité prêtée à l'analyse musicale.

Aujourd'hui, cette fugue est communément perçue comme faisant effectivement partie de l'ensemble. La preuve ? Elle est apportée par Marcel Bitsch et par Jacques Chailley. La méthode ? Comparative. En comparant en effet le premier sujet de cette fugue inachevée avec le "grand sujet", celui de la première fugue, sur lequel repose l'ensemble de l'édifice thématique, les auteurs remarquent une indéniable parenté morphologique :

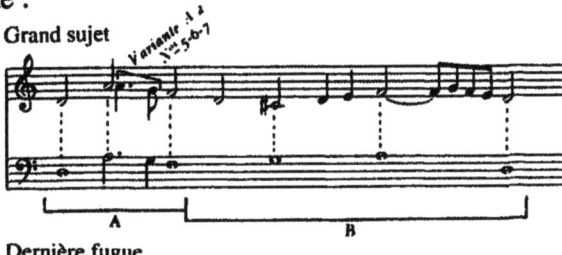

A la lecture comparée de ces deux motifs, Jacques Chailley déduit que "la déformation est à peine plus grande de l'un à l'autre que pour les autres formes présentées au cours du recueil : la mélodie est identique en A, tandis que B présente un résumé harmonique du modèle. Le sujet initial de la triple fugue inachevée est donc une nouvelle transformation du "grand sujet" audacieusement simplifié" (Chailley, 1971 : 29). De cette comparaison note à note, groupe de notes par groupes de notes, motif par motif, il s'ensuit que la fugue inachevée est bien partie intégrante de *L'Art de la fugue*. Ici, la vertu philologique prêtée au motif se montre incontournable.

Cette fugue est une triple fugue. Le procédé de composition de fugues à sujets multiples repose sur un principe d'agglutination. Ici, trois sujets sont exposés successivement. Le traitement de chacun de ces sujets délimite trois parties dans les 239 mesures écrites par Bach : sujet S1, mes. 1à 114, sujet S2, mes. 114 à 193 (avec un tuilage des deux premières parties : dans mesure 114, la fin de la première partie se fait entendre en même temps que le début de la deuxième); sujet S3, mes. 193 à 239 (sans tuilage cette fois). Chaque sujet est traité seul, puis en combinaison avec le précédent. La composition s'arrête au moment où ces trois sujets devraient être traités simultanément, en superposition (combinaison des trois sujets). Seule une première combinaison des trois sujets est esquissée par Bach (voir double page suivante).

Une comparaison du premier sujet de cette fugue avec le "grand sujet" qui ouvre l'ensemble du cycle a montré que cette fugue était bien insérée dans *L'Art de la fugue* (voir plus haut). Dans la simplification des rondes, Jacques Chailley y voit "le Grand Sujet audacieusement réduit à sa structure essentielle" (Chailley, 1971 : 75). Et il assure que "presque tous les commentateurs ont été déconcertés de cette hardiesse simplificatrice" (id.). Ce premier sujet (S1 à partir de ré) et sa réponse au ton de la dominante (R1 à partir de la) sont

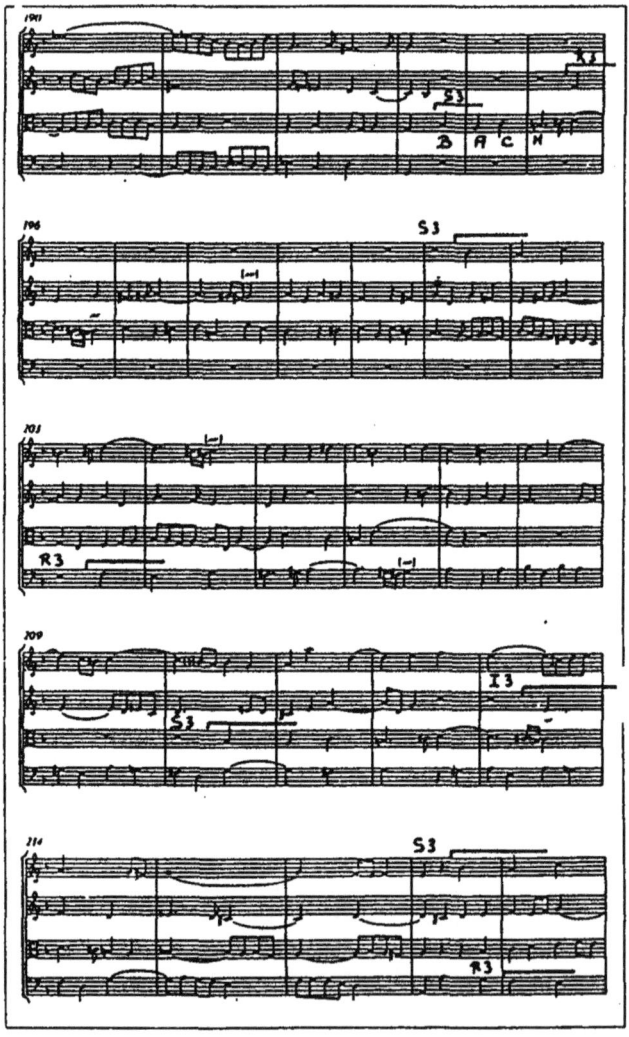

Le sujet S3 (à partir de si♭) et sa réponse R3 (à partir de fa) se font entendre au Ténor (S3), à l'Alto (R3), au Soprano (S3) puis à la Basse (R3). Le contre-sujet n'est pas réitéré d'une manière immuable, mais deux constantes le rendent aisément repérable à l'audition : son incipit sur l'appel du demi-ton ascendant et la rupture de rythme que ses noires martelées opèrent systématiquement. A la mesure 210, le sujet S3 est à nouveau donné à entendre par le Ténor auquel répond son inversus (c'est-à-dire son symétrique par rapport à un axe horizontal) énoncé à la mesure 213 par la partie d'Alto. Ainsi se présente donc le matériau thématique utilisé par Bach dans cette troisième partie de la fugue : un sujet S3, une réponse R3, un inversus I3.

La dernière fugue de Bach 131

Mesure 217, l'ensemble du matériau thématique se resserre. Sujet S3 est au Soprano, répone R3 à la Basse avec un seul temps de décallage (contre quatre dans l'exposition) : une strette sur le sujet. Elle expose, mesure 222, un nouvel inversus à la Basse puis, mesures 225 et 226, la réponse R3 et le sujet S3, successivement au Ténor et à l'Alto. Cette troisième partie de la triple fugue prend fin à la mesure 230 sur une cadence parfaite en ré mineur. Bach entame alors une quatrième partie où l'ensemble des trois sujets devraient être traités simultanément. Il commence, mesure 233, par le sujet S2 en croches à l'Alto. Il le superpose, mesure 234, avec le sujet S1 à la Basse et fait entendre aussitôt, mesure 235, le sujet 3 au Ténor. A douze reprises le sujet, sa réponse ou son inversus se font entendre. Bach n'ira pas plus loin.

exposés successivement par la Basse (S1), le Ténor (R1), l'Alto (S1) puis le Soprano (R1). Pas de pont, pas de diversion. Le même dessin mélodique est répété. Le Contre-Sujet que fait entendre chacune des voix au moment où la suivante expose à son tour le sujet ou sa réponse est traité de manière beaucoup moins rigoureuse, sans fixité mélodique, mais des sauts intervalliques de quarte ou de quinte le rendent aisément identifiable d'une voix à l'autre. Après l'exposition, de la mesure 21 à la mesure 88, Bach anime le discours musical par une série de strettes à deux voix qui, mesure 89, s'enrichissent d'une troisième voix. A la mesure 105, le sujet S1 est à nouveau exposé à la basse, il annonce la fin de cette première partie sur une cadence parfaite en ré mineur (mes. 114) au moment où l'alto fait entendre le deuxième sujet S2.

Ce deuxième sujet présente un aspect très différent du premier. Construit tout en croches, il comprend de nombreux mélismes :

Ce deuxième sujet (S2 à partir de fa) et sa réponse (R2 à partir de do) sont exposés successivement par l'Alto (S2), le Soprano (R2), la Basse (S2) et le Ténor (R2). Un premier divertissement naît, à la mesure 147, du traitement simultané des sujets S1 et S2 jusqu'à la mesure 189. Là, une coda met un terme à l'épisode et conclut rapidement, mesure 193, sur une cadence parfaite en sol mineur. Là, point de tuilage, le troisième sujet (S3) se fait entendre seul au Ténor : si bémol, la, do, si, B-A-C-H.

Souvent les commentateurs ont analysé le sujet S3 comme une signature de Bach qui savait écrire là l'une de ses dernières œuvres. Pourtant les quatre notes si bémol-la-do-si du motif B-A-C-H ne correspondent pas au sujet S3 dans son ensemble. Ces quatre notes constituent seulement la tête du sujet S3. Le motif demeure cependant aisément repérable. Il marque une rupture de construction par rapport au déferlement de croches du sujet précédent S2 (voir plus haut). Son chromatisme retourné le rend par ailleurs très différent des larges intervalles de quinte du sujet S1. Même lorsqu'elle est renversée, cette succession d'intervalles demeure aisément repérable : l'inversus porte l'empreinte du motif initial.

B-A-C-H est donc bien ici cette unité du langage musical qui irrigue l'ensemble de cette troisième partie, qui autorise des traitements thématiques multiples (réponse, renversement) et les rend aisément repérables à l'audition. A la lumière des conseils livrés par les ouvrages spécialisés que nous avons examinés au début de ce dossier, rien ne saurait par conséquent s'opposer à ce que l'on considère B-A-C-H comme un motif. Pourtant, dans l'analyse que Jacques Chailley propose de cette fugue (infra bibliographie Chailley, 1971 : 75 à 77), à aucun moment n'apparaît le mot motif. Le motif ne serait donc pas ici une unité référentielle pertinente ? Aurions-nous, pour en avoir usé sans réserve, été happés par l'artifice du cryptogramme ? A moins que le référent, omniprésent dans le commentaire musical, et dans une gestion mythique de cet Art de la fugue, n'ait guère de pertinence au plan de l'analyse musicale ? L'usage ferait-il disparaître l'emblème ?

Usages du motif

Il conviendrait sans doute de nous remémorer la place singulière que les ouvrages spécialisés assignent au motif, à l'encoignure d'une analyse micro-formelle et d'une analyse macro-formelle, qui le faisait considérer par Riemann comme "le plus grand commun multiple d'une page musicale" (voir plus haut). Nous avons ici recherché des occurrences du motif par l'analyse d'une forme spécifique, la fugue. Or, dans sa propre analyse, Jacques Chailley à aucun moment ne porte attention à la tête du thème. La succession des quatre notes si bémol-la-do-si ne justifie pas d'une attention particulière. Elle permet simplement à Jacques Chailley de désigner ce dernier sujet comme étant le Sujet Bach. C'est que, dans le projet du musicologue écrivant un ouvrage pédagogique visant à expliciter la partition de façon linéaire, le mot motif n'est pas utile. Jacques Chailley trace les grands axes de la construction formelle de cette dernière fugue. Il en délimite les parties principales, identifie les sujets, leur réponses, leurs renversements, repère les contre-sujets, discute de leur pertinence, mais à aucun moment il ne dissèque chacun des sujets. Il délaisse ici le point de vue d'une analyse micro-formelle. Or, c'est précisément à ce niveau d'investigation que nous avons institué B-A-C-H en motif. Ce que faisait par exemple Dickinson dans son analyse du deuxième sujet de cette fugue[20]. Pour analyser cette fugue, Jacques Chailley use d'un vocabulaire spécifique, le vocabulaire de la fugue. Il parle en termes de sujet, d'exposition, de strette, de réponse, de contre-sujet et de superposition. Dans l'ordre de référence choisi, le mot motif n'a pas sa place, pas plus qu'il n'a sa place dans le glossaire des termes techniques placé en fin d'ouvrage (pages 86 à 89). B-A-C-H ne serait-il pas pour autant un motif ?

A en lire les musicologues, on pourrait en douter. Comment désignent-ils B-A-C-H ? Joseph Müller-Blattau en fait un "symbole musical de sa propre personnalité" (Müller-Blattau, 1963 : 82). Pour Donald Francis Tovey "le troisième thème est le nom même de Bach" (Tovey, 1949 : 88) et pour Hans Gunter Hoke un "symbole du nom Bach" (Hoke, 1974 : 28). Lorsqu'il procède à l'analyse d'une symbolique des nombres dans *L'Art de la fugue*, Peter Schleuning assure que le troisième thème montre "d'une façon indubitable le nom du compositeur, B-A-C-H" (Schleuning, 1993 : 153). Walter Corten remarque "l'apparition de la signature de B-A-C-H (si*b*, la, do, si) comme thème" (Corten, 1988 : 62). B-A-C-H serait un thème. Mais la référence, ici, n'est plus au motif, ou à l'unité de base d'un sujet, mais à la signature. Il y a télescopage entre deux systèmes référentiels. Le point de vue structurel passe à l'arrière-plan de la référence biographique, et mythique : la signature. Ailleurs pourtant, B-A-C-H apparaît sans ambages comme un motif. C'est le cas par exemple lorsque d'autres compositeurs en usent dans leurs propres compositions.

Ils ont été nombreux à céder à la tentation du cryptogramme. Robert Schumann, dans ses *6 Fugues sur le nom de Bach*, Arthur Honegger avec son *Arioso et fughette* sur le nom de Bach pour piano, Busoni, auteur d'une *Fantaisie sur BACH*, Franz Liszt qui compose un *Prélude et fugue sur le nom de Bach,* Max Reger aussi, auteur d'une *Fantaisie et fugue sur BACH* pour orgue. Lorsqu'il analyse la *Suite* op. 25 d'Arnold Schœnberg, Charles Rosen remarque que cette suite est bien une succession de motifs dont voici le troisième : B-A-C-H. Lorsqu'ils évoquent la façon dont Anton Webern traite B-A-C-H dans

---

[20] Nous nous permettons de renvoyer ici à l'analyse de Dickinson dans son étude sur les fugues de Bach. Voici de quelle manière il appréhende les trois sujets (qu'il désigne par a, b et c) de cette dernière fugue : "Three fresh subjects are treated fugally and exhaustively in turn : a plain in vocal style, apt for inversion and close canon; a volatile but comprehensive keyboard motive, b, with which a combines loosely in counter-exposition (in two ways bars 148, 169); and a chromatic and just invertible c (BACH in sound) to form a reinforcing inner point to b, with a as bass and a free part on top" (Dickinson, 1956 : 143).

son *Quatuor* op. 28, Marcel Bitsch et Jean Bonfils font de B-A-C-H. un *thème* à partir duquel Webern construit sa série génératrice (infra bibliographie Bitsch, Bonfils, 1981 : 90). Alors que, pour Henri-Louis Matter, il ne fait aucun doute que "la série du Quatuor opus 28

formée sur le motif B-A-C-H (...) foisonne de symétries internes" (Matter 1981 : 109). Une même succession de notes, si *b*-la-do-si, est analysée dans la même partition, l'opus 28 de Webern, indifféremment comme un thème ou comme un motif. Comment, dans ces conditions, concevoir que le motif pourrait être, à l'instar de ce que Françoise Escal aurait pu percevoir du thème par exemple, "unité signifiante (qui) se laisse circonscrire, délimiter dans son être-là, à la surface de l'énoncé" (Escal, 1988 : 195) ? Précisément, le motif ne se laisse pas circonscrire à la surface de l'énoncé. Et son caractère insaisissable fait sa disponibilité.

L'autonomisation d'une variable

Il ne s'agit pas pour nous de légiférer en la matière. Nous n'allons pas dire ici ce qu'est un motif, ce qu'il n'est pas, ce qu'il devrait être ou pourrait ne pas être. De ce point de vue, le constat risquerait de paraître décevant. Il suffirait d'admettre alors que tout discours anthropologique sur la musique ne relève pas nécessairement de la définition. Plus modestement, nous avons enquêté ici sur des énonciations du motif. L'analyse menée ainsi pourrait alors fort bien prendre place dans le cadre plus large d'une réflexion qui intéresse au plus haut point l'analyse musicale : la question de l'autonomisation de la variable. Cette question me semble s'articuler à une autre question, celle, cruciale en anthropologie, de l'invention de l'invariant. L'approche du motif que nous avons conduite ici nous invite à élargir notre perspective en interrogeant notre propension à bloquer un mouvement, à définir des étapes, à figer des états. Il nous invite à questionner cette position d'extériorité où l'on se plaît parfois encore à considérer le commentaire musicologique, et qui nous fait identifier La Musique comme cette "forme symbolique (possédant) une existence physique autonome qu'on peut analyser en variables " (Nattiez, 1987 : 182) ?

Comme le suggère Jean Molino sur les pas de Marcel Mauss, on concéderait volontiers que "tout élément appartenant au fait musical total peut être séparé et pris comme variable stratégique de la production musicale" (Molino, 1975 : 43). Le motif pourrait être l'une de ces variables, parmi d'autres (la note, la cellule, le thème, le sujet, la réponse ou le contre-sujet). Mais comment concevoir qu'un élément puisse devenir variable stratégique si nous n'avons pas, au préalable, une idée de ce que doit être cet élément ? Comment repérer un motif dans un "fait musical total" sans avoir au préalable une idée de ce que doit être un motif ? Comment l'isoler dans une fugue sans porter une attention particulière au principe d'imitation ? Aurions-nous d'une façon si évidente érigé en motif les quatre premières notes (si bémol-la-do-si) du troisième sujet de la fugue si nous n'avions su, par avance, qu'il pourrait être analysé en totalité explicitée sous les traits d'une référence identifiante, BACH. Rien ne nous empêchait de puiser six notes du sujet pour en faire un motif. Pourquoi en avoir choisi quatre ? Parce que nous savions que si bémol-la-do-si, c'est Bach, et que Bach le savait aussi, très certainement, et que, repérant Bach dans ce dernier sujet, nous tenons la certitude d'accéder, 250 ans plus tard, à l'insondable : l'intention du compositeur.

Désormais les choses sont claires : cette fugue inachevée sur son nom est bien la signature d'un legs testamentaire brusquement interrompu par la mort. Mais ce que l'on peut fort bien se demander, c'est si le motif n'est pas alors une manière d'alibi, cet alibi dont l'aspect rationnel participe à l'invention de cette aura mythique qui accompagne *L'Art de la fugue*.

Loin d'être en tout état de cause immanent, le motif témoigne plutôt d'un effort permanent de l'homme pour se doter d'outils d'investigation qui aident à rendre le réel intelligible. Il est l'un de ces outils, l'un parmi d'autres dans la série des termes qui, dans le vocabulaire de l'analyse musicale, jouent d'équilibre réciproque : un outil fonctionnel dans l'analyse d'une partition, mais dont la pertinence dans l'interprétation instrumentale resterait à étudier. Par l'œil, nous avons porté attention au motif dans l'espace graphique de la partition, mais qu'en est-il du motif par l'oreille ? Que deviennent les traces graphiques que nous repérons à la lecture de la partition lorsqu'elles sont transportées dans le jeu de récurrences phoniques d'une énonciation ? Le motif ne serait-il pas alors cet outil qui permet à René Leibowitz par exemple d'administrer sa propre croyance en une œuvre d'art pure de toute contamination sensorielle, une œuvre d'art héritée et non pas créée, qui se lit et ne s'entend pas. Un acte de foi en l'écriture qui permet d'administrer une absence, celle de *L'Art de la fugue* "en soi".

On voudrait, au terme de cet article, porter un regard furtif sur le domaine de l'ethnomusicologie. Jamais en effet cette suprématie de l'écriture n'aura été affichée d'une manière aussi catégorique que dans l'usage qu'un Alan Lomax fait du motif dans la méthode cantométrique qu'il expose en 1968 dans son ouvrage *Folk song style and culture*. Voyageur invétéré, Lomax compare entre elles 223 pièces musicales prélevées de par le monde (Lomax parle d'échantillons). Il procède pour cela à un relevé systématique de motifs : mélodiques, rythmiques, agogiques, chorégraphiques afin de dégager des invariants qui permettent de découper le monde en quelques grandes aires culturelles.

Ici, le motif devient cet outil d'écriture qui permet un blocage de l'énoncé dans l'espace graphique de la page musicale et autorise dès lors le retour en arrière et la comparaison pour engager une mesure musicographique du monde. Voici le motif promu en "membre naturel de toute pensée musicale" (Nattiez, op. cit.) et chargé de garantir qu'il existe bien, de par le monde, une pensée musicale unanimement partagée. Le motif serait alors cet étalon, cette réalité ultime, cette molécule de musique qui apporte la preuve par l'analyse musicale de ce que la musique est bien partie intégrante de la nature humaine. Le motif serait cet outil forgé pour garantir en quelque sorte l'assurance tous risques de ce que la musique est la chose au monde la mieux partagée, un langage universel.

Mais c'est alors la pratique même de l'analyse musicale qu'il conviendrait d'interroger. Car une question subsiste au terme de ce parcours. Que deviennent en effet les parallélismes rassurants, les harmonieuses structures en chiasme, le renversement des sujets de fugue, leur rétrogradation, le découpage de motifs mélodiques, rythmiques, harmoniques que nous repérons à la lecture de la partition dès lors que l'on considère non plus la trace graphique de l'énoncé mais le procès d'énonciation, qui n'existe que dans l'irréversible continuum sonore de son écoulement temporel ? Il est clair qu'alors la notion de symétrie et, en amont, celle même de comparaison n'ont guère de pertinence dès lors que la réalisation vive supprime toute possibilité d'un retour en arrière. A vouloir alors objectiver un énoncé à partir de transcriptions qui en changent nécessairement la signification, nous restons prisonniers d'une théorie fixiste de la forme, d'où naît cette tautologie que j'ai voulu ici suggérer : l'analyse musicale consiste alors à retrouver dans l'inscription graphique qu'est la partition les outils dont nous nous sommes dotés à priori pour déchiffrer cette inscription graphique (dans *L'Art de la fugue*) ou pour réaliser cette transcription (c'est le cas des travaux d'ethnomusicologie). La boucle semble alors se refermer sur ce constat quelque peu décevant : l'analyse ferait du connaître de l'activité conceptuelle un simple reconnaître. Et nous avons beau user des plus savants subterfuges scripturaires, nous ne faisons qu'identifier ce que nous avons déjà construit là où nous pensons dépister un motif qui nous serait livré clés en main par un Père omniscient. Quand le commentaire semble faire œuvre de description, il ne fait en réalité qu'une œuvre de dépiction. Pour emprunter à Nelson Goodman sa métaphore, l'on décout ce qui avait été cousu au préalable et l'on cultive l'illusion d'une immanence de l'œuvre d'art dont le motif serait une molécule, alors qu'il conviendrait, comme le suggère Gérard Genette, d'interroger l'œuvre de l'art, dont le motif serait un outil. Mais pourra-t-on pour autant échapper à un questionnement téléologique ?

On pourrait en douter. Et c'est précisément ce qui confère au motif sa place et (qui sait ?) sa raison d'être, d'être un mot commode, un mot-outil, "qu'on utilise sans trop penser à son sens" (Lenclud, 1994 : 25), et par quoi l'on administre nos mythes musicaux. Un mot discret dont l'on use pour se penser au centre, en cette position démiurgique d'où il serait virtuellement possible, pour le temps d'une analyse, de bloquer une incessante fugue du sens.

Références bibliographiques

BALIBAR, E.
1994 *Lieux et noms de la vérité.* Gap : Editions de l'aube.
BENVENISTE, E.
1966 *Problèmes de linguistique générale, 1.* Paris : Ed. Gallimard.
BERGER, E.
1985 *Bachs letzte Fuge. Die Kunst der Fuge. Ein zyklisches Werk. Entstehungsgeschichte, Erstausgabe, Ordnungprinzipien.* Bonn : Max Brokhaus Musikverlag.
BERNET KEMPERS, K. P.
1963 "Isometrische Begriffe und die Musik des 19. Jahfhunderts", in Abert, A. A., Pfannkurch, W., (Herausgegeben von) *Festschrift Friedrich Blume.* Kassel, Bärenreiter : 34-49.
BITSCH, M.
1967 *J.S. Bach : L'Art de la fugue. Introduction, analyse et commentaires.* Paris : Durand.
BITSCH, M., BONFILS, J.
1981 *La Fugue.* Paris : P. U. F., coll. *Que sais-je ?*
BOSSEUR, J.-Y.
1988 "Thèmes et thématiques dans les musiques d'aujourd'hui", *Communications,* 47 : 119-131.
BUKOFZER, M.
1982 *La musique baroque.* Paris : Editions Jean-Claude Lattès (trad. de l'éd. all. de 1947).
BUTHLER, G.
1983 "Ordering problems in J. S. Bach's Art of Fugue resolved", *The Musical Quaterly,* LXIX, 1 : 44-61.
CANDE, R. de
1984 *Jean -Sébatien Bach.* Paris : Editions du Seuil.

CHAILLEY, J.
1971 *L'Art de la fugue de J. S. Bach*. Paris : Alfonse Leduc.
CHEYRONNAUD, J.
1984 "Musique et institutions au 'village'", *Ethnologie française*, 3: 265-280.
COMPAGNON, A.
1993 *Chat en poche. Montaigne et l'allégorie*. Paris : Editions du Seuil.
CORTEN, W.
1987 "Un renversement peut en cacher un autre ou un aspect inédit du Contrepoint 18 de *L'Art de la fugue*", *Revue de Musicologie*, 2 : 203-226.
1988a "La dernière Fugue : pièce inachevée ou ouverture sur l'infini ? Contribution à l'étude du *Contrepoint* BWV 1080, 19 de *L'Art de la fugue* de J.S. Bach", *Analyse musicale*, 11 : 61-65.
1988b "*L'Art de la fugue* de J.S. Bach : un plan à "dé-chiffrer" ?", *Analyse musicale*, 13 : 75-79.
DAMAMME GILBERT, B.
1989 *La Série énumérative*. Genève : Librairie Droz.
DETIENNE, M.
1994 (ss. la dir. de) *Transcrire les mythologies*. Paris : Editions Albin Michel.
DICKINSON, A. E. F.
1956 *Bach's fugal works. With an account of Fuge before and after Bach*. London : Sir Isaac Pitman and Sons, Ltd.
DOMMEL-DIENY, A.
1969 *L'Analyse harmonique en exemples. Fascicule 2*. Paris : Editions musicales Transatlantiques.
DOURY, P.
1971 *Grammaire de la langue musicale*. Paris : Choudens.
DUFOURCQ, N.
1947 *Jean-Sébatien Bach, génie allemand ? génie latin?* Paris : Editions du Vieux-Colombier.
DUFRENNE, M.
1987 *L'Œil et l'oreille*. Montréal : Editions de l'Hexagone.

ESCAL, F.
1988   "Le thème en musique classique", *Communications*, 47 : 93-117.
FORKEL, J.-N.
1981   *Vie de Johann-Sebastian Bach*. Paris : Flammarion (trad. de l'éd. all. de 1802).
GENETTE, G.
1994   *L'Œuvre de l'art. Immanence et transcendance*. Paris : Editions du Seuil.
HAKIM, N., DUFOURCET, M.-B.
1991   *Guide pratique d'analyse musicale*. Paris : Editions Combre.
HENNION, A.
1993   *La Passion musicale. Une sociologie de la médiation*. Paris : Editions Métailié.
HODEIR, A.
         Les Formes de la musique. Paris : Presses Universitaires de France, coll. *Que sais-je ?*
HOKE, H. G.
1974   *Zu Johann Sebastian Bachs "Die Kunst der Fuge"*. Leipzig : VEB Deutscher Verlag für Musik.
HONEGGER, M.
1976   (ss. la dir. de) *La Science de la Musique*. Paris : Bordas.
JAMMERS, E.
1962   "Takt und Motiv. Zur neuzeitlichen musikalischen Rythmik", *Archiv für Musikwissenschaft*, 4 : 194-207.
KOLNEDER, W.
1977   *Die Kunst der Fuge. Mythen des 20. Jahrhunderts*. Wilhelmshaven : Heinrichshofen's Verlag (5 t.).
1991   *J. S. Bach. Leben, Werk und Nachwirken in zeitgenössischen Dokumenten*. Wilhelmshaven : Florian Noetzel Verlag.
LEIBOWITZ, R.
1951   *L'Evolution de la musique*. Paris : Corréa.
LENCLUD, G.
1994   "Qu'est-ce que la tradition ?", in Detienne, M. (ss. la dir. de), *Transcrire les mythologies*. Paris : Ed. Albin Michel : 25-44.

LEONHARDT, G.
1952   *The Art of fuge, Bach's last harpishord work. An argument,*.The Hague : Martinus Nijhof.

LOMAX, A.
1968   *Folk song style and culture.* Washington : American Association for the Advancement of Science.

MARCEL, L.-A.
1961   *Bach.* Paris : Editions du Seuil, coll. *Solfèges.*

MATTER, H.-L.
1981   *Webern.* Editions L'Age d'Homme.

MOLINO, J.
1975   "Fait musical et sémiologie de la musique", *Musique en jeu,* 17 : 37-62.

MÜLLER-BLATTAU, J.
1963   *Geschichte der Fuge.* Kassel : Bärenreiter Verlag.

NATTIEZ, J.-J.
1987   *Musicologie générale et sémiologie.* Paris : Christian Bourgois éditeur.

PASSERON, J.-C.
1991   *Le Raisonnement sociologique. L'espace non-poppérien du raisonnement naturel.* Paris : Editions Nathan.

PIRRO, A.
1907   *L'Esthétique de Jean-Sébastien Bach.* Paris : Librairie Fischbacher.

RIEMANN, H.
1895   "Was ist ein Motiv", *Präludien und Studien. Gesammelte Aufsätze zur Ästhetik, Theorie und Geschichte der Musik.* Leipzig : Hermann Seemann Nachfolger : 137-149.
1931   *Dictionnaire de la musique.* Paris : Payot.

ROSEN, Ch.
1979   *Schœnberg.* Paris : Les Editions de Minuit (trad. de l'éd. angl.).

SAUSSURE, F. de
1972   *Cours de linguistique générale.* Paris : Payot.

SCHLEUNING, P.
1993   *Johann Sebastian Bachs "Kunst der Fuge"*. Kassel : Bärenreiter Verlag.

SCHLŒZER, B. de,
1947   *Introduction à Jean-Sébastien Bach*. Paris : Ed. Gallimard.

SCHLÖTTERER-TRAIMER, R.,
1966   *Bachs Die Kunst der Fuge*. München : Wilhelm Fink Verlag KG.

SCHWEITZER, A.
1950   *J.-S. Bach, le musicien-poète*. paris : Editions Maurice et Pierre Fœtisch (5e tirage).

STRAWSON, P. F.
1977   *Etudes de logique et de linguistique*. Paris : Editions du Seuil (traduction de l'edition anglaise de 1971).

TOVEY, D. F.
1949   "A Listener's guide to Die Kunst der Fuge (1936)", *Essays in muical analysis. Chamber music*. Oxford University Press: 75-89.

VIDAL, P.
1984   *L'origine thématique de "L'Art de la fugue" et ses incidences*. Paris : La Flûte de Pan.

532128 - Juin 2013
Achevé d'imprimer par